河北省社会科学基金项目（HB22GL069）

价值共创背景下顾客知识共享机制研究

刘　琳　著

燕山大学出版社
·秦皇岛·

图书在版编目（CIP）数据

价值共创背景下顾客知识共享机制研究 / 刘琳著. —秦皇岛：燕山大学出版社，2023.12
ISBN 978-7-5761-0591-9

I. ①价… II. ①刘… III. ①企业管理－顾客－参与管理－资源共享－研究 IV. ①F272.4

中国国家版本馆 CIP 数据核字（2023）第 232924 号

价值共创背景下顾客知识共享机制研究
JIAZHI GONGCHUANG BEIJING XIA GUKE ZHISHI GONGXIANG JIZHI YANJIU

刘 琳 著

出 版 人：陈 玉		策划编辑：张岳洪	
责任编辑：张岳洪		封面设计：方志强	
责任印制：吴 波			
出版发行：燕山大学出版社 YANSHAN UNIVERSITY PRESS		电 话：0335-8387555	
地 址：河北省秦皇岛市河北大街西段 438 号		邮政编码：066004	
印 刷：涿州市般润文化传播有限公司		经 销：全国新华书店	

开 本：710 mm×1000 mm 1/16		印 张：8.75	
版 次：2023 年 12 月第 1 版		印 次：2023 年 12 月第 1 次印刷	
书 号：ISBN 978-7-5761-0591-9		字 数：140 千字	
定 价：38.00 元			

前　言

相较于资本和资源，知识的投入能够为企业创造更多的收益，且该收益更具有可持续性，知识已成为企业在新的营商环境下获取和保持竞争优势的重要来源。因此，知识共享作为知识管理的核心活动以及知识创新的关键环节，备受学术界和企业界的关注。随着大数据、物联网等互联网技术的应用和"消费者主权论"的发展，顾客的角色由被动的价值接受者转变成了价值的主导者参与到企业的价值创造活动中，顾客的参与为企业的知识共享注入了新动能。顾客知识的共享对企业的产品创新、服务创新和管理创新助力显著，因此，对顾客知识共享的研究具有重要的理论价值和现实意义。

基于此，本书对顾客知识共享的影响因素、顾客知识共享的决策机制、顾客知识共享的运行机制和顾客知识共享的激励机制进行了研究，旨在弄清楚哪些因素会影响顾客参与知识共享；各因素是怎样影响顾客知识共享决策行为的；当顾客做出参与知识共享的决策后，知识共享过程是怎样进行的；以及怎样才能激励顾客积极地参与到知识共享过程中。

首先，本书从知识共享主体、知识共享客体和知识共享环境三个方面对顾客知识共享影响因素进行了研究，分析了顾客知识共享意愿、顾客忠诚度、顾客知识共享能力、顾客知识共享成本、预期收益、信任、知识特性、技术支持和组织激励 9 个因素对顾客知识共享行为的影响，在此基础上构建了顾客知识共享影响因素研究模型，并通过问卷调查对研究数据进行收集，运用 SPSS 和 AMOS 软件对研究数据进行分析，验证了各因素对顾客知识共享行为的影响路径。

其次，本书采用演化博弈理论对顾客知识共享的决策机制进行了研究，构建了顾客知识共享决策的演化博弈模型，重点分析了知识共享成本、知识共享收益、知识储备量和收益分配系数对顾客知识共享演化进程的影响，并运用

MATLAB 软件对模型进行了仿真分析。以上过程证实了：（1）知识共享成本的提升会降低顾客的知识共享意愿并延缓知识共享进程；（2）知识共享预期收益的增加会增强顾客的知识共享意愿并加速知识共享进程；（3）知识储备量的差异延缓了知识共享进程，并且当企业的知识储备量较大时更有利于知识共享的发生；（4）当知识共享行为发生时，为顾客制定较高的收益分配系数更有利于加速知识共享进程。

再次，本书运用超网络模型对顾客知识共享的运行机制进行了研究，构建了包含知识子网络、顾客子网络和企业组织子网络的顾客知识共享超网络模型，从准备阶段、实施阶段、整合阶段、创新阶段和维护阶段对顾客参与知识共享的过程进行分析，并运用 NetLogo 软件对顾客知识共享进程进行仿真分析，重点分析了参与知识共享的顾客数量、顾客知识共享能力、顾客知识创新能力和顾客忠诚度对企业知识创新进程的影响。以上过程证实了：（1）参与知识共享的顾客的数量会影响企业知识创新的效率，顾客的过度参与会延缓企业知识创新的进程；（2）顾客知识共享能力、创新能力和顾客忠诚度的提升能够加快企业的知识创新进程，其中顾客知识创新能力对企业知识创新速度的影响最为显著；（3）顾客知识共享能力的提升能够增加系统知识总量；（4）顾客忠诚度的提升对顾客知识共享能力和创新能力具有间接的促进作用。

最后，本书从共享知识结构的视角构建了基于委托-代理理论的顾客知识共享激励机制模型，将共享的知识界定为显性知识和隐性知识的综合体，并分析了在信息对称和信息不对称情况下，共享知识中显性知识和隐性知识比例的变化对顾客知识共享努力水平及收益分配系数的影响，并运用 MATLAB 软件对该模型进行了仿真分析。以上过程证实了：（1）顾客的努力水平与共享知识的组成结构有关，且当显性知识和隐性知识比例均为 0.5 时，努力水平达到最大值；（2）当知识组成结构相同时，信息不对称情况下的努力水平低于信息对称情况下的努力水平；（3）收益分配系数与共享知识的组成结构有关，且当隐性知识比例为 1 时收益分配系数达到最大值；（4）收益共享比例与风险规避程度成反比。

目　　录

第 1 章 绪 论

1.1 研究背景与研究意义

1.1.1 研究背景

在"互联网+"时代下，市场环境的变化对企业提出了更高的要求，传统企业正面临着重大的机遇和挑战，企业必须运用互联网思维对市场、用户、产品、企业价值链乃至整个商业生态圈进行重新审视，企业的价值创造过程已经由传统的价值链模型转变为以用户为中心的价值环模型，即企业的价值创造活动需要以用户为中心。在"共享经济"和"价值共创"时代的浪潮下，消费者对产品和服务的需求已经不仅仅是使用价值，更注重的是体验价值，企业面临的问题是如何为顾客提供优质的产品、服务以及难忘的消费体验。随着消费者主权论和顾客主导逻辑的发展（Heinonen et al., 2010），顾客的身份已经由被动的价值接受者，转变为价值的主导者和共同创造者，并通过参与企业的产品设计、生产、销售等环节来与企业共同创造价值，这种顾客与企业价值共创的模式将成为企业在"互联网+"环境下商业模式创新的必然趋势，而顾客将成为企业的重要资源（张祥等，2009）。

传统的资源观认为企业拥有的有价值的、稀有的以及难以代替的资源是企业获取竞争优势的重要来源。然而，国内外学者研究发现，知识在企业竞争中的优势地位越来越突出，因为核心竞争能力的获得和保持，在很大程度上取决于企业对知识的管理能力和创新能力（刘臣等，2014）。知识和信息已逐步取代资本和能源成为企业发展所需的重要资源，也是企业在激烈的市场竞争中获取竞争优势的关键。

目前，很多企业的核心竞争力普遍较低，主要原因是企业的自主学习能力和知识自主创新能力相对缺乏，同时，企业对知识管理的重视程度也不够，导致企业知识管理的效果并不理想，这些都成了制约企业核心竞争力提升的瓶颈。2016年5月30日，习近平总书记在全国科技创新大会上指出"创新驱动发展是加快转变经济发展方式的必然选择"，并且强调了创新始终是一个国家、一个民族发展的重要动力，也始终是推动人类社会进步的重要力量。2018年5月2日，习近平总书记在北京大学考察时强调，创新是引领发展的第一动力，是国家综合国力和核心竞争力的最关键因素，重大科技创新成果是国之重器、国之利器，必须牢牢掌握在自己手上，必须依靠自力更生、自主创新。

知识是创新的源泉，高效的知识管理是知识创新的基础，也是企业实现自主创新的关键因素。2019年4月20日，由清华大学技术创新研究中心主办，同方知网数字出版技术股份有限公司、同方知网（北京）技术有限公司承办的"第三届创新与知识管理国际会议（iKM2019）"在北京盛大举行，来自海内外创新与知识管理领域的研究学者、各行业机构实践者、企业代表以及各高校相关专业师生代表就创新与知识管理的理论和实践展开对话和研讨。会议指出，企业、政府和大学三大创新主体在新时代被赋予了新使命和新需求。政府的使命是做好政策的协调，为企业的创新和产业的发展提供良好的环境。大学的使命是加强创新人才的培养，大力提高科学研究能力和水平，并积极推进产学研相结合。而企业才是真正的创新主体，加强知识管理，提高外部知识吸纳能力和内部知识流转利用效率，形成具有全球视野的整合创新能力是企业的新使命。知识共享作为知识管理的关键环节对企业的创新发展具有重要的决定性作用（和金生等，2004）。首先，知识共享是提升知识价值的关键，知识作为企业的无形资产具有边际效益递增的特性，知识并不会因为被多人使用而降低每个人的收益，也不会因为多次使用而被消耗，相反，知识的价值会随着使用人员的增加而增加，因此，知识共享的程度也是衡量知识管理是否成功的重要标准；其次，知识共享是知识应用和知识创新的前提，知识只有被共享之后才能实现对知识的应用和创新，知识共享的内容、知识共享的时机、知识共享的程度等都是影响企业知识应用和知识创新的重要因素。

顾客知识作为企业的重要资源对企业的创新具有重要的推动作用，众多企业已经逐渐意识到顾客知识管理的重要性，并加强了企业知识管理平台的建设。例如，长安汽车构建了基于用户需求的知识管理平台，从流程、组织、文化、IT 手段和知识运营五个方面保证知识管理平台的运行，并通过建立专业频道、搭建知识问答社区、向用户发放知识币等方式加强顾客对隐性知识的共享，从而保证高质量知识的积累和持续更新。格力电器构建了以资源仓储、创新活动和个人中心为基本架构的技术共享平台，通过整合内外部知识资源，建立企业知识交流场，实现显性知识的整合和隐性知识的挖掘，并结合岗位和业务网络，加以用户行为的分析，构建用户画像，为用户提供个性化知识服务，还建立积分制度来激励用户积极参与知识社区的交流互动。小米社区、海尔社区等为用户打造了一个良好的交流互动平台，用户可以在社区进行使用心得和经验的交流分享，并且可以进行问题反馈，参与新产品的设计及产品功能的完善。作为产品的购买者和使用者，用户的意见和创意对产品的创新至关重要。

同时，学术界已有研究表明，顾客的参与能够提升顾客的满意度和忠诚度（王莉等，2012；王新新等，2012），并且能够增强顾客对企业的认同感（Rishika et al.，2013）。当顾客参与企业的产品创新时，顾客不仅可以提供创造新产品的想法，还可以与企业共同创造新产品、测试成品，为产品提供支持和持续改进建议等（Nambisan，2002；Todd et al.，2018），并且，顾客知识的共享能够加快企业新产品上市的进程（Chang et al.，2016）。对企业来说，对顾客知识的管理能够提升企业的服务创新能力（张红琪等，2012），顾客的参与对企业的突破式创新存在显著的影响，尤其是信息提供形式的顾客参与能够增强企业的技术突破和市场突破能力，从而有助于企业的突破式创新（陈漫，2018），并且研究发现，互补型知识的共享更有助于企业的突破式创新，而辅助型知识的共享更有利于企业的渐进式创新（李守伟，2018）。由此可见，顾客知识的共享对企业的产品创新、服务创新和管理创新具有重要的推动作用，因此，对顾客知识共享进行研究尤为重要。本书希望通过对顾客知识共享的内在机理进行探析，对顾客知识共享的决策机制、运行机制和激励机制进行研究，探究哪些因素会影响顾客知识共享行为，顾客是怎样做出参与知识共享的决策的，顾客知识的共享会对企业的知识创新产生何种影响以及怎样能够激励顾客积极参与知识共享，从而为企业知识共享活动的实施提供理论指导。

1.1.2 研究意义

本书研究的理论意义在于：①本书从知识共享主体因素、知识共享客体因素和知识共享环境因素三个方面对顾客知识共享行为的影响因素进行了研究，创新性地分析了顾客忠诚度对顾客知识共享行为的影响，丰富了知识共享影响因素领域的研究；②目前对于顾客知识共享内在运行机制的研究较少，本书构建了顾客知识共享超网络模型，并运用 NetLogo 软件对顾客知识共享的运行机制进行了仿真分析，为知识共享内在机理的分析提供了一种新视角；③目前对于知识共享激励机制的研究仅限于隐性知识共享的激励和显性知识共享的激励，本书构建了基于共享知识结构视角的顾客知识共享激励机制，将共享知识界定为显性知识和隐性知识的综合体，为知识共享激励机制的研究提供了一种新方法，对于丰富知识共享领域的理论研究具有重要的意义。

本书研究的现实意义在于：①本书分析了知识共享成本等因素对顾客知识共享决策行为和知识共享演化进程的影响，并在此基础上提出了加速知识共享演化进程的策略，协助企业为顾客营造良好的知识共享氛围；②本书对知识共享运行机制的研究分析了参与知识共享的顾客数量、顾客的知识共享能力和创新能力对企业创新进程的影响，并提出了提升顾客知识共享能力和创新能力的策略，为企业知识共享活动的实施提供指导；③本书对顾客知识共享激励机制的研究分析了顾客共享知识的组成结构对顾客努力水平和收益系数的影响，并在此基础上提出了顾客知识共享的激励策略，对企业知识共享效率的提升具有重要的现实意义。

1.2 研究思路与研究方法

1.2.1 研究思路

本书在顾客与企业价值共创的基础上，从顾客与企业间知识共享的视角对顾客知识共享的内在机理进行了研究，本书的研究方法和技术路线如图 1-1 所示，本书的研究内容主要体现在以下几个方面：

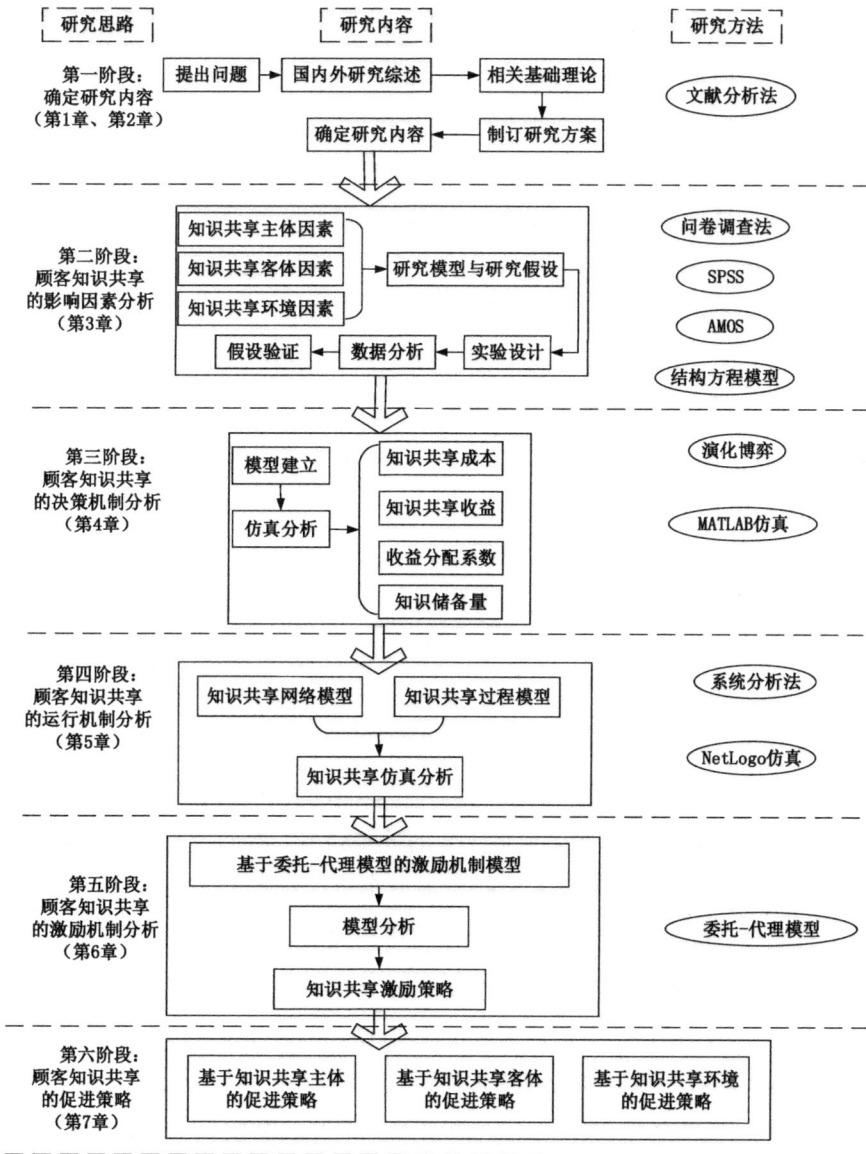

图 1-1　研究方法与技术路线图

1.顾客知识共享影响因素的研究

本书主要从知识共享主体因素、知识共享客体因素及知识共享环境因素三个方面对影响顾客知识共享的因素进行研究。在知识共享主体因素方面，主要分析顾客知识共享意愿、顾客知识共享能力、顾客知识共享成本、预期收益、顾客忠诚度和信任对顾客知识共享行为的影响；在知识共享客体因素方面，主要分析知识的经济性、知识的稀缺性、知识的时效性和知识的复杂性对顾客知识共享行为的影响；在知识共享环境因素方面主要分析技术支持和组织激励对顾客知识共享行为的影响，并采用问卷调查法对实验数据进行搜集，运用结构方程模型理论及 SPSS 和 AMOS 数据分析软件对假设模型进行验证。

2.顾客知识共享决策机制的研究

本书主要采用演化博弈理论对顾客知识共享决策行为进行分析，构建顾客知识共享演化博弈模型，并采用 MATLAB 软件进行建模与仿真，分析知识共享成本、知识共享收益、收益分配系数、知识储备量等参数的变化对顾客知识共享决策行为的影响。

3.顾客知识共享运行机制的研究

本书构建了包含知识网络、顾客网络和企业组织网络三个子网络的顾客知识共享超网络模型，并对各网络之间的映射关系进行分析。知识子网络包含知识节点、知识的存储量、各知识节点的关联程度，顾客子网络包含顾客节点、顾客的忠诚度、顾客间的关系强度，企业组织子网络包含企业员工节点及节点间的关系强度，网络间的关联主要为顾客与知识间的关联程度、企业员工与知识间的关联程度以及顾客与企业员工间的关系强度。本书主要从准备阶段、实施阶段、整合阶段、创新阶段和维护阶段五个方面对知识共享的过程模型进行研究，并运用 NetLogo 软件对该网络模型进行建模，分析参与知识共享的顾客数量、顾客知识共享能力、顾客知识创新能力和顾客忠诚度对企业知识创新进程的影响。

4.顾客知识共享激励机制的研究

本书主要采用委托-代理理论对顾客知识共享的激励机制进行研究，其中委托人为企业组织，代理人为顾客，现有的研究成果多为显性知识共享的激励机制或隐性知识共享的激励机制。而本研究假定顾客共享的知识为显性知识与隐性知识的综合体，并在此基础上分析信息对称和信息不对称情况下，顾客共享知识中显性知识和隐性知识比例的变化对顾客的知识共享努力水平和收益分配系数的影响，并从企业和顾客两个视角提出了促进顾客参与知识共享的激励策略。

1.2.2　研究方法

1.文献分析法

笔者利用图书馆、互联网资源对本书研究所需的相关资料进行查阅、整理和分析，在对国内外研究现状分析的基础上确定本书的研究内容，并制订相应的研究方案及研究计划。

2.问卷调查法

本书采用问卷调查的方式对顾客参与知识共享影响因素的数据进行搜集，主要通过现场调查和网络问卷两种方式对问卷进行发放和回收，从而获得研究所需的数据。

3.理论研究与实证研究相结合的方法

本书对顾客知识共享的特征和组成要素进行了分析，从知识共享主体因素、知识共享客体因素和知识共享环境因素三个方面对顾客知识共享行为的影响因素进行了理论分析，运用实证研究法对顾客知识共享行为影响因素进行了研究，运用 SPSS 软件对量表的信度、效度等指标进行分析，并采用结构方程法对数据进行分析，运用 AMOS 软件对提出的假设模型进行检验。

4.定性研究与定量研究相结合的方法

定性研究主要应用于对顾客知识共享机理的分析，构建了包含准备阶段、实施阶段、整合阶段、创新阶段和维护阶段的顾客知识共享机理模型，运用超网络模型对顾客知识共享网络模型进行分析。定量研究主要应用于采用 MATLAB 软件对顾客知识共享决策行为进行建模及仿真分析，分析共享成本、共享收益等参数的变化对顾客知识共享决策行为的影响，采用 NetLogo 软件对顾客知识共享超网络模型进行建模及仿真分析，以及采用委托-代理理论对顾客知识共享激励机制的建模与分析。

第2章　价值共创与知识共享研究现状

2.1　价值共创相关研究现状

2.1.1　价值共创的内涵

价值共创作为一种新兴的概念，受到了管理界学者们的广泛关注。国内外学者对于价值共创内涵的研究可以总结为三种。

第一种是基于商品主导逻辑进行的定义，认为价值是共同创造的，顾客是共同生产者。Ramirez（1999）提出了价值共同生产（value co-production）的概念，指出企业并不是价值的唯一生产者，顾客也不是被动的价值接受者，而是可以参与价值的生产，因此价值是由企业与顾客共同生产的。Prahalad 等人（2000）指出企业想要在激烈的市场竞争中获取竞争优势将依赖于一种新的价值创造方式，新的价值创造模式即以消费者为中心，由消费者与企业共同创造价值。Payne 等人（2008）认为价值共创就是企业与其利益相关者之间的一种共生关系，他们共同研发或生产产品及服务等。贾薇等人（2011）认为顾客参与是一种与企业合作生产和共同创造的行为，指的是顾客卷入企业的服务生产与传递过程中，既包括顾客主动地参与合作生产产品和服务，又包括顾客被动地涉入服务传递过程。张红琪和鲁若愚（2013）认为顾客参与也是一种创造价值的形式，在这种形式中，顾客参与到通常是由企业来主宰的一些活动或者过程中去，顾客变成"合作生产者"。

第二种是基于服务主导逻辑进行的定义，认为企业是价值创造的主导者，顾客是价值的协同创造者。Lusch 等人（2008）认为价值的聚焦已经发生了改变，消费者对价值的需求已经从交换价值转换到了使用价值，企业只能提供价值主张而不能传递价值，顾客通常是价值的共同创造者，并在此基础上提出了服务主导逻辑（service-dominant logic）。安静（2010）提出了基于服务系统的价值共创，认为价值不再仅仅是由服务提供者创造的，而是与顾客共同创造的。Nambisan（2002）指出客户不仅能够为企业提供创造新产品的想法和构思，还可以与企业共同创造新产品、参与产品的测试、为产品提供支持和持续改进建议等。Fang 等人（2008，2011）认为客户参与不仅仅是对客户的相关信息进行收集和传播，然后开发围绕客户需求的产品，相反，客户参与更接近于与顾客保持合作伙伴的关系，将客户集成到一些或全部新产品创新活动中，包括产品设计、业务评估、团队组建等。

第三种是基于顾客主导逻辑进行的定义，认为顾客是价值创造的主导者，而企业是协同创造者。Gronroos（2008）强调在价值共创的过程中，不是顾客获得了参与企业创造价值的机会，而是企业获得了参与顾客价值创造过程的机会，进而成为价值促进者或者价值共创者。Prahalad 和 Ramaswamy（2004，2009）认为，价值共创更注重的是体验价值的共创，企业不是向消费者销售体验，而是为消费者提供消费体验的情境。Heinonen 等人（2010）认为服务主导逻辑仍旧是以企业为主导的逻辑，而真正的价值创造过程应该将关注点从企业转向顾客的生活实践，并且将顾客置于价值创造的中心位置，在此基础上提出了顾客主导逻辑（customer-dominant logic）的思想。陈少霞（2014）指出价值共创还能够提升顾客的体验价值，例如顾客参与企业的产品设计，一方面能够展现自己的创造才能，另一方面能够设计自己喜欢的或受欢迎的产品，从而感受到参与价值共创所创造的独特体验。具体如表 2-1 所示：

表 2-1　价值共创的内涵

观点	解释	代表性研究学者
基于商品主导逻辑的价值共创	价值是共同创造的，顾客是共同生产者。顾客参与企业生产领域的一系列活动，与企业共同生产价值	Ramirez；Prahalad et al.；Payne et al.；贾薇等；张红琪和鲁若愚
基于服务主导逻辑的价值共创	价值是共同创造的，顾客通常是价值的共同创造者。企业是价值创造的主导者，而顾客是协同创造者	Lusch et al；Nambisan；Fang et al.；安静
基于顾客主导逻辑的价值共创	价值是共同创造的，企业通常是价值的共同创造者。顾客是价值创造的主导者，而企业是协同创造者	Heinonen et al；Gronroos；Prahalad & Ramaswamy；陈少霞

2.1.2 顾客参与价值共创过程

Payne（2008）提出了价值共创的概念模型，如图 2-1 所示，该模型包含了价值共创的主体——顾客和企业，以及企业与顾客间的互动过程。在顾客与企业互动的过程中，顾客需要投入相应的实体要素和非实体要素，例如情感、认知和行为方面的投入，顾客参与价值共创的目的是希望能够获得独特的个人体验。在互动过程中，企业的目的是努力地为顾客创造参与价值共创的机会，例如使顾客参与企业的研发、设计、生产和销售等环节，为企业创造合作生产的机会，并制定相应的制度来激励顾客的参与。在价值共创过程中，企业通过挖掘和利用顾客自身的资源实现产品和服务的创新，而顾客在享受优质产品和服务的基础上获得了独特的体验价值，因此，顾客和企业是价值共创的共同受益者。

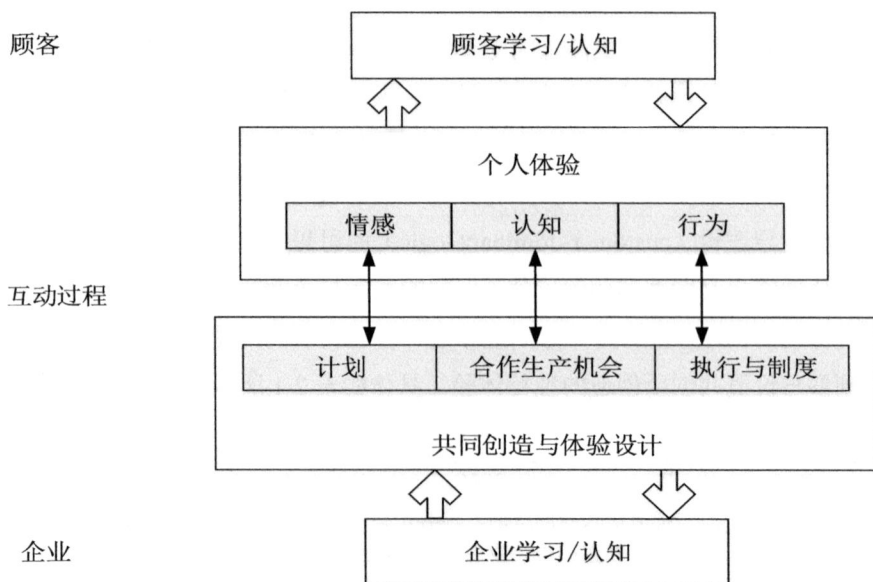

图 2-1　价值共创的概念模型

牛振邦等人（2015）将价值共创活动划分为"先导"和"发生"两个阶段。在"先导"阶段，顾客主要以浅层互动为主，即顾客在与企业进行浅层互动的过程中产生价值共创的意愿；在"发生"阶段，顾客与企业间会进行深层的互动，也是顾客与企业共创价值的阶段，顾客会主动而持续地深度参与到企业的价值共创活动中，例如参与产品的研发、设计、生产等环节，以及向企业反馈使用体验、提供改进建议等等。

钟振东等人（2014）在服务主导逻辑的基础上，从价值共创的主体、价值共创活动和价值共创产出三个方面构建了顾客与企业的价值共创的概念模型，如图 2-2 所示。该模型将企业和顾客的价值创造过程分为三个阶段，分别为价值促进阶段、互动阶段和独自创造阶段。在价值促进阶段企业作为价值创造的主体，主要负责提供价值主张和资源生产，企业在价值促进阶段的主要产出是产品和服务；在互动阶段企业和顾客都是价值创造的主体，顾客和企业间实现共同生产以及价值的共同创造，并且实现资源向服务的转化；在独自创造阶段，顾客作为价值创造的主体将企业提供的资源和服务转化为自身价值，例如产品和服务的使用价值和体验价值，等等。

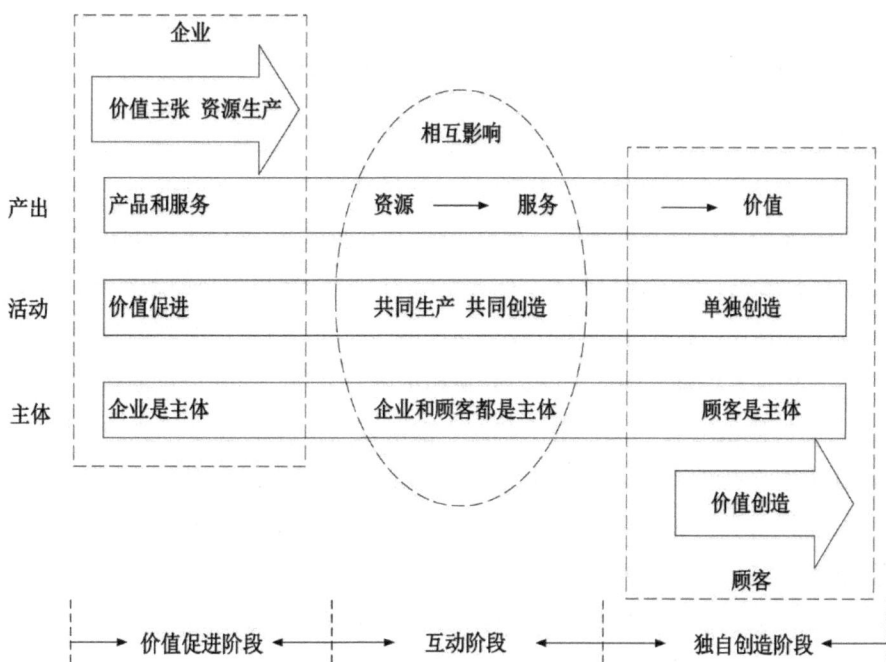

图 2-2　基于服务主导逻辑的价值共创概念模型

2.1.3 顾客参与价值共创的维度

在对国内外学者研究成果综合分析的基础上，笔者总结了在不同划分标准下的顾客参与维度，如表 2-2 所示。

表 2-2　顾客参与维度

划分标准	顾客参与维度
参与程度	不参与、象征性参与、通过建议参与、弱控制参与、共同参与、强控制参与
	为用户创新、与用户共同创新、由用户创新
投入类型	体力投入、情感投入、精神投入
	认知、情感、行为
时间顺序	事前准备、信息交换、建立关系、干涉行为
	信息分享、人际互动、履行责任
	事前准备、信息交流、合作行为、人际互动
参与形式	忠诚、合作行为、信息分享
	出席、信息提供、共同生产
	付出努力、工作认知、信息搜寻
	信息共享、人际互动、合作生产
	接触、信息提供、合作生产
参与环节	服务产品的创新、服务的生产和传递、服务营销、服务企业的管理

根据参与程度对顾客参与价值共创维度的划分。Ives 和 Olson（1984）以管理信息系统软件的开发为研究对象，将用户的参与程度分为以下几种：不参与、象征性参与、通过建议参与、弱控制参与、共同参与和强控制参与。Kaulio（1998）根据用户在每个参与阶段参与深度的差别，将用户参与创新的程度分为三类：为用户创新、与用户共同创新和由用户创新。在为用户创新阶段企业是主要的价值创造者，在与用户共同创新阶段用户和企业是价值的共同创造者，在由用户创新阶段用户是主要的价值创造者。

根据投入类型对顾客参与价值共创维度的划分。Kelley 和 Fisk（1985）认为顾客可以从三个方面参与价值共创：一是顾客通过为企业提供有形的实物或者无形的体力来参与价值共创，即体力方面的投入；二是顾客通过向企业表达自身的情感和态度的方式来参与价值共创，即情感方面的投入；三是顾客通过体力和情感方面的综合投入来参与价值共创，即精神方面的投入。Hollebeek（2011）从顾客品牌参与的角度认为顾客参与包含认知、情感和行为三个维度。

根据时间顺序对顾客参与价值共创维度的划分。Kellogg 和 Bowen（1997）提出的四维度法应用最为广泛，其按照发生的先后顺序将顾客参与划分为事前准备、信息交换、建立关系和干涉行为四个方面。Ennew 和 Bink（1999）认为顾客参与包括三个维度：首先是企业与顾客间的信息分享，信息的透明化为后续的价值共创行为奠定基础；其次是顾客与企业间的人际互动，这也是价值共创的关键；最后是顾客和企业履行其应有的责任，以保证能够实现预期的效果。彭艳君（2010）以美发业为背景，构建了一个适合中国消费者的顾客参与量表，该量表包括事前准备、信息交流、合作行为和人际互动四个维度。

根据参与形式对顾客参与价值共创维度的划分。Bettencourt（1997）将顾客参与划分为忠诚、合作行为和信息分享。Claycomb 等人（2001）认为顾客参与共包含了三个维度：出席、信息提供和共同生产。Lloyd（2003）对顾客参与也进行了三个层次的划分，即付出努力、工作认知和信息搜寻。吕瑛（2012）将顾客参与划分为信息共享、人际互动和合作生产三个维度。张红琪和鲁若愚（2013）认为顾客参与包含接触、信息提供和合作生产三个维度：接触指的是顾客参与服务创新环节过程中互动的密切程度，信息提供指的是顾客在服务创新过程中提供的想法或者方案，合作生产指的是顾客在服务传递过程中的投入。

根据参与环节对顾客参与价值共创维度的划分。曹花蕊等人（2013）依据参与行为发生的服务环节，将顾客参与分为顾客参与服务产品的创新、顾客参与服务的生产和传递、顾客参与服务营销、顾客参与服务企业的管理。

2.1.4 顾客参与价值共创的角色

Bitner 等人（1997）以服务行业的顾客参与为研究对象，并根据顾客参与水平将顾客参与的角色分为三种：企业的生产资源，服务质量、顾客满意和顾客价值的贡献者，服务组织的潜在竞争者。Bettencourt（1997）指出在顾客参与服务生产与传递的过程中可能会扮演着多种角色，例如当顾客参与企业的服务生产与传递活动时，此时的顾客成了企业的合作生产者，顾客充当的角色是服务企业的"兼职员工"；当顾客作为服务生产与传递的一线消费者时，顾客充当的角色是服务企业的"咨询人员"，此时顾客可以与企业分享其一线消费经历与体会，从而帮助企业完成产品和服务的升级与创新；当顾客对服务企业产生强烈的认同感时，此时顾客充当的角色是服务企业的"促销人员"，使得顾客会更加倾向于向其他顾客推荐该企业的产品和服务等。

Gouthier 和 Schmid（2003）从资源交换理论的视角对服务情境中的顾客参与进行了研究，认为顾客在与服务企业进行价值共创时所扮演的角色共包括以下六种：购买者、合作生产者、互动人员、合作设计者、合作市场营销者和领导代言人。瑞士巴塞尔大学的 Bruhn 和 Georgi（2009）认为顾客在与服务企业互动的过程中所扮演的角色有五种：指示者、调度者、摒弃者、共同使用者和共同生产者。Groth（2005）和 Yi 等人（2011，2013）认为顾客参与包含两种角色：一种是角色内行为，即在遇到服务时需要客户采取的行动；另一种是客户公民行为，这是一种额外的角色行为，即自愿和酌情行为，这种行为对于成功的生产和服务不是必需的。曹花蕊等人（2013）从顾客角色角度对顾客参与行为进行分类，认为顾客参与可分为顾客是资源，合作生产者，共同创造者，质量、满意和价值的贡献者，兼职员工或全职的临时员工，使用者、质量的评价者，产品，以及竞争者 8 种角色。笔者根据以上学者的研究成果对顾客参与角色进行了总结，如表 2-3 所示。

表 2-3　顾客参与角色

学者	顾客参与角色
Bitner et al.	生产资源，服务质量、顾客满意和顾客价值的贡献者，组织的潜在竞争者
Bettencourt	兼职员工、咨询人员、促销人员
Gouthier & Schmid	购买者、合作生产者、互动人员、合作设计者、合作市场营销者和领导代言人
Bruhn & Georgi	指示者、调度者、摒弃者、共同使用者、共同生产者
Groth & Yi et al.	角色内行为——在遇到服务时需要客户采取的行动，额外的角色行为——自愿和酌情行为
曹花蕊等	资源，合作生产者，共同创造者，质量、满意和价值的贡献者，兼职员工或全职的临时员工，使用者、质量的评价者，产品，竞争者

2.2 知识共享相关研究现状

2.2.1 知识共享的内涵

1.基于过程视角的定义

Gilbert 和 Cordey-Hayes（1996）指出知识共享过程不是一个静态的过程，而是一个动态的持续学习的过程，并按照知识共享的过程将知识共享划分为知识的获取、知识的沟通、知识的应用和知识的吸收四个阶段。Lee（2001）认为知识共享指的是知识从个人、群组、组织向其他个人、群组、组织转移扩散的活动。Alavi（2001）认为知识共享是一个知识传播的过程，可以发生在个人、群组、组织之间，传播的途径可以是正式、非正式的，人—人、人—机间的，知识共享包括发送者、接受者和通信渠道三个组成部分。Connelly 和 Kelloway（2003）认为知识共享是指知识作为一种稀缺性资源在不同知识拥有者之间交易的过程。安世虎等人（2006）将知识共享定义为知识提供者在利益需求的驱使下，将自身所拥有的知识与知识接受者进行分享的过程。杜占河等人（2009）从知识转移对象的角度将知识共享定义为知识在个体之间以及个体与组织之间相互转化的过程；从知识共享内容的角度将知识共享定义为隐性知识不断向显性知识转变的过程。徐扬（2010）将知识共享定义为组织通过不同的渠道将知识进行转移，从而实现现有知识有效利用的过程。何会涛（2011）将知识共享定义为利用各种交流手段与组织成员分享个人知识和组织知识的过程。

2.基于行为视角的定义

Hendriks（1999）将知识共享定义为知识拥有者与知识需求者之间的一种沟通行为，知识拥有者通过言语、书写、动作、演示等形式来传递其自身所掌握的知识，知识需求者在感知到知识拥有者这些行为的基础上，通过阅读、倾听和模仿等方式来对接受的新知识进行认同、学习、理解和消化，进而转化为自身知识。许树沛和孙鸣（2003）将知识共享定义为组织个体通过各种交流方式将自身的知识财富与组织中其他成员进行分享，进而转化为组织知识财富的过程。张爽等人（2008）认为知识共享是知识拥有者与知识需求者之间的互动行为，具体表现为知识拥有者帮助知识需求者了解自身拥有的知识、经验及技能的内涵，并使知识需求者能够从中学习这项知识、经验及技能，从而实现知识的有效利用。李光生等人（2009）将知识共享定义为个体、团队或组织自愿地将其所拥有的经验、技能、感悟等知识向整个组织进行传播的行为。路琳和陈晓荣（2011）认为知识共享是指个体在组织工作中向组织提供任务信息、经验和反馈的行为。

3.基于效果视角的定义

樊平军（2003）认为知识共享是尽可能地公开组织内部的信息和知识，使得组织中的每个成员都能够有效地接触、吸收和使用相关信息和知识。李久平等人（2004）认为知识共享就是将组织内部的各种知识，通过沟通、交流和分享等方式，使知识能够从个人层面扩散到组织层面，进而形成稳定的组织知识。孟鲁洋和张胜军（2005）指出知识共享是组织成员间相互交流彼此所拥有的知识，从而使知识从个人层面转移到组织层面。樊治平等人（2008）提出知识共享描述的是组织能够多大程度有效地共享其所拥有的各种知识资源。张可军（2009）认为知识共享指的是组织的员工或团队在组织内部或跨组织之间通过各种渠道进行知识的交换和讨论，并通过知识的交流扩大知识的利用价值并产生知识的效应。

国内外学者从过程视角、行为视角和效果视角对知识共享的内涵进行了研究，本书在综合三种视角的基础上，将顾客知识共享定义为发生在顾客与企业间的一种知识转移和扩散行为，包含了知识的产生、传递、应用及创新四个阶段，且知识共享是一个动态的、循环往复的过程，知识的价值也通过知识的共享得到了提升。

2.2.2 知识的特性

研究发现知识具有动态性、复杂性、积聚性、非独占性、边际收益递增性、经济性和时效性7个特性（Davernport et al.，2003；王学东，2011；董晓霞，2015）。

1.动态性

知识是动态的，并不是一成不变的，人类在学习和使用知识的过程中，会通过实践、经验等方式对知识进行更新，并产生新的知识，新的知识会取代原有的知识，从而更新原有的知识体系，使知识体系在不断的发展中得到完善。

2.复杂性

对于知识的分类，从宏观层面可以分为显性知识和隐性知识，从微观层面可以分为书本知识、专业知识、实践知识、文化知识等，知识的种类繁多并且很难对知识进行准确的认知、测量和分类，知识主体所拥有的知识可能是多种知识的综合体，知识的复杂性使得知识难以被抄袭和模仿，也使得知识的共享存在一定的难度。

3.积聚性

知识的创新行为不是凭空产生的，而是在原有知识量的基础上，通过对新知识的吸纳和整合产生的，知识主体在学习和实践的过程中积聚新的知识，增加自身知识的存储量，因此，知识主体的积聚能力会对其知识共享能力和创新能力产生较大影响。

4.非独占性

知识的非独占性指的是知识并非只属于特定的某一个人，当知识主体拥有某种知识时，在拥有该知识的基础上还可以将知识传递给其他的知识主体，知识主体可以吸收其他知识主体传递过来的知识，从而丰富自身的知识储备以及知识的创新。知识的非独占性使得知识能够在知识主体间进行转移和共享，从而提升知识的利用率。

5.边际收益递增性

知识已逐步取代资本、劳动力、能源等成为企业的重要资源，与传统的资源相比，知识具有边际效益递增的特性，即知识投资得越多，企业所获得的边际效益越多，同时，知识并不会因为被多人使用而降低每个人的收益，也不会因为被多次使用而被消耗。

6.经济性

知识作为资源能够为企业创造经济收益，因此知识是具有经济性的。知识是企业获取竞争优势和升级转型的关键因素，知识的边际效益递增的特性能够比传统资源创造更多的效益，正是由于知识的经济性，使得企业更加注重对知识的管理和保护。

7.时效性

知识是具有时效性的一种资源，知识主体在学习和使用知识的过程中会对知识进行扩充和创新，从而产生新的知识，淘汰原有的知识，因此，知识的价值是随着时间的推移而逐渐降低的，强时效性的知识会在短时间内完全失去价值，而弱时效性的知识可以在较长时间内保持部分价值。

2.2.3 知识的分类

根据知识的编码程度，可以将知识划分为能够以编码化的形式所表述的显性知识和高度个体化、难以编码化的隐性知识，Nonaka 和 Takeuchi（1995）对隐性知识进行了进一步研究，认为隐性知识由难以表达的信仰、隐喻、直觉、思维模式和诀窍组成。Blackler（1995）将知识分为五类：①抽象知识，即依赖于概念性技巧和能力的知识，是实践性和高水平性的知识；②蕴含性知识，即行动引导或者包含实践情境的知识；③文化性知识，即通过社会化而获取的知识，组织内的这种知识依赖于语音和交流；④编码知识，即嵌入在系统管理中的知识，和复杂系统中角色、技术化及常规过程和紧急过程的关系有关；⑤编码性知识，即可以用符号和象征表达的信息。

国际经济合作组织 OECD（1996）把知识划分为四种类型：①知道是什么的知识（know-what），即事实知识；②知道为什么的知识（know-why），即关于自然原理和科学的知识；③知道怎么做的知识（know-how），即完成工作的技艺和能力；④知道是谁的知识（know-who），即涉及谁知道如何做某事的信息。Blankenship 和 Ruona（2009）将组织的不同知识类型按照隐性知识和显性知识的坐标排列，根据知识的隐性程度由高到低将知识分为文化知识、专业知识、基于对象的知识、实践知识、协调知识和书本知识。综上，笔者整理了知识的分类如图 2-3 所示。

编码知识		编码性知识	蕴含性知识	抽象知识	文化性知识

know-who知识　　　know-what知识　　　know-how知识　　　know-why知识

书本知识　　协调知识　　实践知识　　基于对象的知识　　专业知识　　文化知识

显性知识 ←——————————————————————————————→ 隐性知识

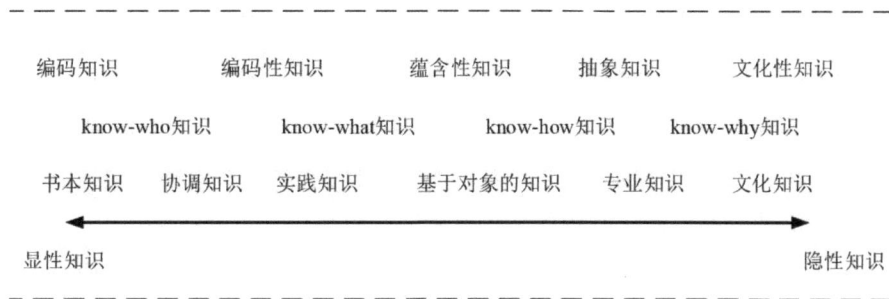

图 2-3　知识的分类

2.2.4　知识共享的影响因素

关于供应链知识共享影响因素的研究。王磊和程钧谟（2010）从知识共享主体、客体和情境三个层面分析了影响供应链企业间知识共享的因素，构建了基于核心企业的知识共享平台的知识共享过程模型。冯长利等人（2013）以供应链间的知识共享为研究背景，构建了以共享意愿为中介变量的影响因素模型，并在此基础上分析了知识共享成本、目标一致性、合作水平、信任和激励机制对知识共享意愿、知识共享行为和知识共享效果的影响。李景峰、任煦和毋江波（2016）在总结影响供应链知识共享的因素与社会化媒体的特征的基础上，从主体因素、客体因素、媒介因素和情境因素四方面研究了社会化媒体对供应链知识共享的影响路径。

关于虚拟社区知识共享影响因素的研究。刘蕤、田鹏和王伟军（2012）以虚拟社区的知识共享为背景，研究了基于中国文化情景的虚拟社区知识共享影响因素，证实了自我效能、个人结果预期、关系和争面子对虚拟社区知识共享意愿有显著的正向影响。李金阳（2013）从社会交换理论的视角构建了虚拟社区知识共享影响因素模型，通过实证研究分析了共享意愿、信任、互惠和利他因素对知识共享行为的影响。龚主杰等人（2013）以虚拟社区成员间的知识共享为研究对象，从感知价值的角度分析了成员的感知价值对满意度及持续知识共享意愿的影响。黄维和赵鹏（2016）提出了虚拟社区用户知识共享行为研究框架，分析了社区特征、社区文化等因素对社区用户知识共享行为的影响。Ardichvilia（2008）以虚拟社区知识共享为背景，从知识共享的激发因素、障碍因素和实现条件三方面对虚拟社区的知识共享进行了研究，分析了人际因素、技术因素、归属感因素等对知识共享的影响。Wei 等人（2018）以虚拟社区的知识共享为研究背景，分析了虚拟社区成员在参与知识合作时的七个心理契约要素，并在此要素的基础上建立了基于 Stackberg 模型的成本博弈模型，以及基于改进的纳什讨价还价模型的利润分析博弈模型。

关于组织间知识共享影响因素的研究。王学东（2011）以组织环境以及知识特点作为动因的外在条件，以组织动因和个体动因作为动因的内在条件，构建了虚拟团队知识共享动因的分析框架，重点从知识共享的主体、知识共享的组织环境以及知识共享的客体三个方面，分析了虚拟团队知识共享的障碍因素。王海花等人（2013）对开放式创新模式下组织间知识共享的影响因素进行实证研究，研究结果表明，环境变量、共享渠道、知识资源需求和知识资源池等四个维度均对组织间知识共享具有一定程度的影响。商淑秀和张再生（2015）以虚拟企业间的知识共享为研究对象，建立了虚拟企业间的知识共享演化博弈模型，并通过仿真分析验证各因素对演化结果的影响。

关于产学研知识共享影响因素的研究。韩国元、陈伟和张国营（2014）从知识共享过程角度构建了高校科研团队知识共享的影响因素模型，证实了知识共享主体、知识特性、知识共享渠道和知识共享环境四因素均对高校科研团队知识共享产生大致相当的影响，其中知识共享渠道因素的负荷量相对较大，能够对知识共享产生较为显著性正向影响。胡刃锋和刘国亮（2015）构建了产学研协同创新隐性知识共享意愿和隐性知识共享行为之间的影响因素概念模型，证实了产学研隐性知识共享内容、移动互联网环境和移动互联网技术对产学研各方隐性知识共享意愿存在显著的正向影响。李志宏等人（2012）建立了高校科研团队隐性知识共享的因果关系模型，分析了导师隐性知识量、学生隐性知识量、团队隐性知识共享量、团队气氛和隐性知识共享意愿间的因果关系。于娱等人（2013）以高校科研团队为研究对象，构建了高校科研团队内部隐性知识共享绩效的影响因素模型。

关于组织内部知识共享影响因素的研究。王娟（2012）从知识共享对象和知识共享情景的角度建立了包含知识、知识提供者、知识接受者、知识传递渠道和情境五部分的组织内部知识共享影响因素模型。金辉（2013）从内生、外生激励的视角，探究内生激励与外生激励对员工知识共享的影响机制，并通过实证研究验证了内生、外生激励因素对个体的知识共享态度、知识共享主观规范以及知识共享意愿的影响。赵君（2013）分析了人格特质对组织内知识共享的影响，通过实证研究发现情绪稳定性、经验开放性、宜人性和尽责性会正向影响组织内部的知识共享。魏道江、李慧民和康承业（2015）以组织内部的知识共享为背景，采用解释结构方法从个人层面、知识层面、组织层面和技术层面对知识共享的影响因素进行了分析。黄芳、马剑虹等人（2010）构建了企业员工知识共享行为的理性行为模型，研究了经济报酬、预期收益和成就感对知识共享态度的影响，人际关系和互惠责任感对主观规则的影响，以及各因素对知识共享行为的影响。Lin（2009）以企业内部知识共享为背景，从企业文化、组织奖励、领导人员和信息技术四个方面分析了企业内部知识共享的影响因素，并采用模糊层级分析法分析了共享文化、人际信任、学习导向等 16 个属性在这四个方面的相对权重。Vathsala（2012）以组织内部的项目团队知识共享为研究背景，证实了项目领导的知识、组织的激励、成员间的信任程度和知识共享的机制都会对成员的知识共享行为产生显著的正向影响。Yufei 等人（2018）分析了员工行为对顾客参与的影响，研究结果表明，员工的额外角色行为（即组织公民行为）比员工的本职角色行为（角色规定的行为）对顾客参与的影响力更强，其中顾客情绪为中介变量，员工的本职角色行为对顾客参与的影响是由顾客的积极和消极情绪所调节的，而员工的组织公民行为的影响是由消费者的积极情绪所调节的。Yuen 等人（2018）研究了道德领导力和员工知识共享行为间的关系，研究表明，道德领导力对员工的知识共享行为存在影响，并且会通过员工的受控动机和道德身份的中介作用对知识共享行为产生影响。

关于个体知识共享影响因素的研究。张爽、乔坤和汪克夷（2008）以个体知识共享为背景，研究了个体的知识共享态度、信任和自我能效对知识共享行为的影响。汪永星等人（2012）着重分析了人际信任和知识特性在知识转移作用机制的调节效应。喻登科等人（2014）以社会网络中的隐性知识共享为研究对象，结合社会心理相关理论构建了基于社会心理的隐性知识共享模型，分析了基础因素、激励因素、控制因素、行为因素和目标因素对隐性知识共享意愿及共享行为的影响。代宝和刘业政（2014）构建了知识共享的影响因素模型，其中个人因素包含动机因素、能力因素等，环境因素包含社会因素、技术因素、知识因素等。魏道江等人（2015）从个人层面、知识层面、组织层面和技术层面分析了组织成员知识共享的影响因素，分析了组织承诺、知识共享意愿、激励机制等 19 个指标对组织成员知识共享行为的影响。倪国栋等人（2015）从知识共享的主体、客体和环境的角度分析了共享成本、共享动机、共享意愿、成员间的信任等因素对知识共享的影响。万晨曦和郭东强（2016）研究了主观规范、自我能效、态度等因素对知识共享的影响。赵韵宇等人（2017）分析了知识阶段、知识性质、知识内容、信任等因素对知识共享的影响。蒋晴波和徐森（2017）在对近 10 年文献分析的基础上，总结了出现频次较高的知识共享主要影响因素，分别为组织激励、知识属性、知识共享技术、企业文化、信任、个人性格和个人意愿。Zhang 等人（2013）从知识共享态度、主观规范和行为控制的角度分析了经济奖励、人际关系、知识反馈、团队支持、知识自我效能、行为信念等因素对知识共享行为的影响。Kukko（2013）重点研究了信任、个人性格、语言、共享平台、知识距离、知识的复杂性等因素对知识共享行为的影响。Yujong 等人（2018）从知识管理系统的视角分析了信息的主动性、信息透明度和信息的形式对知识共享动机的影响，研究结果表明，信息的形式对用户的知识共享动机影响最大。Jongsoon 和 Joseph（2018）分析了互惠利益、预期关系、声誉、利他主义和被掠夺的恐惧对科学家知识共享意图的影响，结果表明，互惠利益和被掠夺的恐惧对隐性和显性知识共享行为存在显著的影响，声誉对显性知识的共享存在影响，预期关系对隐性知识的共享存在影响，而利他主义与知识共享行为间不存在显著的关系。

2.2.5 知识共享机制的研究

对知识共享决策机制的研究。陈磊（2008）将供应链企业按照链内的倡导力和地位分为核心企业和节点企业两类，建立了供应链知识管理结构模型，从博弈论的视角运用完全信息静态博弈、完全信息动态博弈、不完全信息演化博弈三个手段分析了供应链企业参与知识共享的决策行为。翁莉和仲伟俊（2008）运用动态博弈理论建立了供应链间知识共享的 Stackelberg 博弈模型，分析了知识共享风险、知识共享成本以及知识吸收转化能力等因素对知识共享行为的影响，并对供应链成员企业在三种不同情况下的知识共享决策行为进行了对比分析。陈果、齐二石和刘亮（2015）以企业的风险态度为视角研究企业间知识共享的博弈行为，将企业的知识共享行为分为互惠主义行为和机会主义行为，并建立了企业间知识共享的动态博弈模型。

对知识共享运行机制的研究。周勇士（2005）对供应链间知识共享的机制进行了研究，包括运行机制、学习机制、文化机制以及激励机制，从知识的产生、知识创新的螺旋上升以及知识创新的价值实现三个过程探讨了供应链间知识共享中的知识创新过程。张淼淼（2007）分析了基于供应链平台的知识管理过程，研究了在供应链平台的环境下如何进行知识的获取、共享和创新，研究了供应链间知识共享的运行机制、文化机制和激励机制。涂静（2018）以科研合作网络为例，建立空间演化博弈模型，对不同网络结构和种群竞争演化系数下的知识共享演化进行了复杂网络仿真，探讨知识共享的演化路径及其形成机制。翁莉（2012）运用 Logistics 增长模型对供应链知识共享过程建立数学模型，从知识属性的角度分析供应链知识提供方的知识外化活动与知识接受方的知识内化活动，构建了包含知识提供方、知识接受方和知识交流场所三部分的供应链知识共享过程模型，经研究发现，知识提供方的知识外化能力、知识初始状态的显性程度、知识接受方的知识内化能力、知识共享的环境、知识的价值与黏性等因素影响着供应链知识共享过程的效率。邵波和胡元蛟（2011）在对知识共享和知识创新分析的基础上，结合社会网络分析法建立了基于社会网络的知识创新与共享模型，并通过实证分析对该网络的密度、中心性和结构洞、社群图和小团体以及小世界效应进行了分析，并对如何提高虚拟社区知识共享效率提出相应的策略。

对知识共享激励机制的研究。马轶德等人（2012）运用委托-代理理论构建了供应链知识共享激励机制的基本模型和考虑监控信号的激励模型。李倩和程刚（2014）对企业隐性知识的内涵及分类进行了分析，建立了个体隐性知识共享模型、团队隐性知识共享模型、企业隐性知识共享模型，并在对各知识共享模型分析的基础上建立了企业隐性知识共享的保障机制模型。魏道江等人（2014）提出了一种基于知识接受者评价模式的知识共享激励机制，使组织将知识共享产出的分配权转移给知识接受者。林陵娜等人（2018）基于知识场理论，从知识广度和知识深度两个方面对知识主体的知识位势进行了分析，构建了不同知识位势主体条件下的知识共享激励模型，并分析了知识共享主体在风险中性和风险规避情况下的激励策略。沈娜利等人（2018）在对大数据环境下客户知识分析的基础上，将知识共享分为普通知识共享和大数据知识共享，构建了包含两种知识的知识共享产出函数，并分析了信息对称和信息不对称环境下的知识共享激励策略。林陵娜和吴宇蒙（2018）将自然状态负效用纳入了委托-代理模型，并构建了不存在自然状态负效用和存在自然状态负效用影响下的项目型组织知识共享激励模型，分析了两种情形下的知识共享产出分配系数及知识共享努力水平的差异。来尧静等人（2015）分析了顾客参与产品创新过程中与企业研发人员的知识共享问题，研究了顾客与企业研发人员的知识共享"囚徒困境"及知识共享激励下的产品创新博弈，经研究发现，基于个体的利己本性，当团队成员的个人知识共享行为没有得到有效激励时，他们就会陷入"囚徒困境"，反之，有效的激励行为有利于促进成员间的知识共享。

2.2.6 知识网络的研究

知识网络最初是由 Beckmann（1995）提出的，目前还没有明确的定义，国内外学者从不同角度对知识网络的概念进行了分析。姜照华等人（2004）从复杂系统的角度，将知识网络定义为由若干单元或子系统构成的、用于相互之间进行知识交流以及知识供应的网络结构。马德辉和包昌火（2007）从社会网络的角度，认为知识网络是一种获取和共享嵌入在企业内外社会网络中的知识资源，并且以创造新知识为目的的网络。刘向等人（2011）从集合的角度认为知识网络是一个集合的概念，指的是与知识、信息及知识间联系有关的一类网络。

刘臣等人（2011）从复杂网络的角度，认为知识网络是由人与知识通过各种连接而形成的具有复杂网络特征的网状结构。根据知识网络的节点属性，可以将知识网络分为知识元网络、知识主体网络、知识物质载体网络，以及由知识元、知识主体、知识物质载体构成的复杂网络等。高继平等人（2015）根据知识元类型和知识关联的类型将知识网络分为一模同质知识网络、一模异质知识网络、多模同质知识网络和多模异质知识网络四种类型，其中"模"体现的是知识元的类型是否相同，"质"体现的是知识关联的类型是否相同。

超网络的提出和发展丰富了知识网络领域的研究，超网络的概念最初是由 Sheffi（1985）提出的。美国学者 Nagurney（2002）最早明确地提出了超网络的概念，将超网络定义为"高于现存网络并超出现存网络的网络"。同时，超网络是以节点为网络的网络，由网络嵌套网络，因此超网络具有多层性、多重性和嵌套性等特性，可以用来描述各种网络之间的相互关系，既能够描述同构网络间的多重关系，又能够揭示异构网络间的交互关系。王众托和王志平（2008，2011）在对 Nagurney 提出的超网络研究的基础上，分析了超网络所具备的特征，分别为多层特性、多级特性、流量的多维性、多属性或多准则、拥塞性和协调性，任何超网络都具备以上的一种或几种特征。由于知识网络中节点和关联的异质性使得传统的网络不再适用于对知识网络的分析，超网络的发展为知识网络的建模与分析提供了一个新方法。

乐承毅等人（2013）在对复杂产品系统中的知识管理活动分析的基础上，构建了基于 Web 2.0 的跨组织知识网络共享模型，对知识来源、共享方式、共享平台和网络知识库进行了分析，并构建了包含知识点网络、用户网络和组织网络的复杂产品系统中的知识超网络概念模型。席运江等人（2009）提出组织知识系统的构成要素包含知识（K 要素）、人（P 要素）和存储载体（M 要素），在对各要素相互关系分析的基础上，构建了包含三种不同类型的知识要素、六种要素关系的组织知识系统的知识超网络模型，并通过实证研究对模型的特征及应用进行了分析，该模型可应用于知识组织、知识表示、知识导航、知识结构分析、知识转化等领域，为组织的知识管理提供了一种新思路。

徐升华和邹宏（2011）构建了由社会网络和知识网络复合而成的组织内部知识转移的超网络模型，网络中包括知识节点和个体节点两种类型的节点以及各节点间的边，并使用 NetLogo 平台对该模型进行了仿真实验及分析，研究了节点平均链接数、初始转移节点数对组织内部知识转移的影响，结果表明，组织内个体平均联系程度越高，组织内产生的知识创新就越多，网络中初始转移节点数越多，则会越快达到知识平衡态。廖开际等人（2011）基于知识网络和社会网络的视角，构建了包含知识主体、知识网络和人际关系网络的组织知识共享网络模型，并提出了各网络的构建方法及构建过程，最后通过实例验证了模型的有效性，研究得出知识共享的程度取决于知识相似度与人际关系强度的综合程度。

唐洪婷等人（2017）以大众协同创新模式下的知识管理为研究视角，构建了包含用户知识主体网络、用户知识文本网络和用户知识语义网络的用户知识超网络模型，从数据采集及清洗、内容提取、子网建模和超网络建模四部分对用户知识超网络模型的构建过程及步骤进行了分析，该网络模型能够识别领先用户、发现领域知识集群、发现用户子群以及发现创新热点领域，为虚拟社区中用户知识的高效管理提供了新方法。

马涛等人（2017）运用超网络分析法构建了某计算机技术有限公司科技创新团队合作申请专利的加权超网络模型，在此基础上对超网络模型的节点数和超边数、超边权重、节点的超强度、超边超度等指标进行了分析，并对企业科技创新团队合作申请专利超网络中的知识共享机制进行了研究，重点分析了基于节点扩散的知识共享和基于超边扩散的知识共享，为企业科技创新团队知识共享的实践提供了理论指导。

2.3 顾客知识共享相关研究现状

2.3.1 顾客知识共享的特征

1.顾客知识共享的双向性

顾客知识共享的主体包含了顾客和企业两部分，在知识共享过程中知识不是单向的，而是双向流动的，即参与知识共享的主体可能是知识的提供者将自身掌握的知识与他人共享，也可能是作为知识接受者，从而接受他人共享的知识。此外，在知识共享过程中，参与知识共享的主体间是存在交流和互动的，知识提供者在传递知识的同时也会接受到知识接受者提供的反馈信息，因此知识是在参与主体间双向传递的。

2.顾客知识共享的动态性

顾客知识共享不是静态的，而是动态变化的，顾客知识共享过程包含了知识的产生、知识的传递、知识的应用和知识的创新四个阶段，在知识的产生阶段，知识提供者将产生的知识进行传递，知识接受者接受到共享的知识并且对知识进行应用和创新，从而产生新的知识，并对新产生的知识进行共享。因此，该四个阶段组成了一个循环往复的动态过程，为知识共享行为的持续发生提供保障。

3.顾客知识共享的复杂性

由于知识既包含了显性知识又包含了隐性知识，因此，顾客知识共享过程中包含了显性知识的共享和隐性知识的共享。显性知识的共享可以通过语言、文字等形式来实现，也可以借助数据、说明书、手册等形式来实现。而隐性知识的共享相对复杂，由于隐性知识多数为经验、窍门、技巧等知识，需要借助现场示范、模仿、演绎等方式来完成，并且需要知识接受者对知识进行不断的学习，如果隐性知识的拥有者不出席，则知识共享行为很难发生。

4.顾客知识共享的分散性

顾客分布的分散性导致了顾客知识的分散性，使得企业难以对顾客知识进行整合和集中管理。同时，由于顾客的身份、教育背景、工作经历等存在差异，使得顾客所拥有的知识存在差异性和多样性，增加了知识共享的难度。

2.3.2 顾客知识共享的组成要素

1.知识共享的主体

知识共享的主体即为知识共享活动的参与者，包括顾客群体和企业员工两部分。参与知识共享的主体在知识共享过程中承担三种角色，分别为知识提供者、知识传递者和知识接受者。知识提供者充当的角色是负责将自身掌握的知识通过文字表达、演示等方式分享给他人；知识传递者充当的角色是将共享的知识进行扩散、传递和转移；知识接受者的主要活动是对共享的知识进行消化和吸收，并在此基础上对知识进行创新，从而产生新知识。

2.知识共享的客体

知识共享的客体即为知识本身，顾客知识可分为关于顾客的知识、顾客需要的知识和来自顾客的知识三部分。关于顾客的知识即描述顾客基本情况的知识，包括顾客的年龄、收入、兴趣爱好、购买记录、消费倾向等；顾客需要的知识即企业需要为顾客提供的有关产品和服务的知识；来自顾客的知识即顾客所掌握的知识，例如顾客对产品的构想、需求信息、反馈信息等。

关于顾客的知识、顾客需要的知识和来自顾客的知识三者是相互关联的。

首先，企业需要对顾客的信息进行分析和分类，例如根据兴趣爱好或消费习惯对顾客进行分类；然后，根据顾客的特点向其推送产品和服务的相关信息，为顾客提供其需要的信息；最后，在产品和服务退出后，顾客会提供相应的反馈信息，即来自顾客的信息。企业可以根据反馈的信息对产品和服务进行进一步的改进和完善，并将改进后的信息再推送给消费者，从而形成良性循环。在关于顾客的知识、顾客需要的知识和来自顾客的知识三者中，来自顾客的知识对企业的价值最大且共享难度最大，因此本书主要研究来自顾客的知识共享。

随着大数据、云计算等互联网技术的应用，使得顾客参与知识共享的方式发生了巨大的改变。微博、微信、虚拟社区的发展为顾客提供了更加便利的知识共享平台，以小米社区为例，米粉们能够在社区内分享产品的使用技巧和学习心得，并且能够参与企业的新产品创新。通过对顾客参与社区的分析发现，顾客共享的知识主要包含以下几个方面：①需求知识，即顾客对于产品和服务的需求。在顾客主导逻辑的环境下，提供满足顾客需求的产品和服务是企业获取竞争优势的关键，因此，顾客的需求知识对企业至关重要。②反馈知识，即顾客对产品做出的评价及提出的改进建议等。顾客反馈知识的共享有助于企业的产品优化及创新。③专业知识，即顾客通过正式学习和非正式学习所掌握的专业性知识。顾客专业知识的共享能够为企业提供技术、管理等方面的指导，有利于企业的技术创新和管理创新。④实践知识，主要为顾客在接受产品和服务的过程中总结的规律、经验和窍门等等。顾客实践知识的共享有助于产品说明书的开发和产品创新。⑤体验知识。企业为顾客提供的不仅仅是产品和服务，更重要的是顾客在消费过程中获得的体验价值，顾客作为产品和服务的购买者和使用者对体验价值有最大的话语权。顾客体验知识的共享能够有助于企业发现问题并进行改进，从而提升顾客的体验价值。⑥构思知识，即顾客对产品的构思和设想。构思知识的共享有助于产品的个性化定制和新产品的设计。

3.知识共享的环境

知识共享的环境包括两个部分：一是在网络技术支撑下企业为顾客提供的参与平台，例如虚拟社区、贴吧、论坛、微博、微信等等；二是企业提供的顾客参与知识共享的场所，例如企业的体验店、顾客实地参与企业的新产品创新等等。良好的共享环境能够促进知识共享行为的发生并提升知识共享的效率，因此，企业应加强知识共享环境的建设。顾客参与知识共享的途径主要包括在线共享、无线共享和离线共享三种方式。在线共享指的是顾客凭借互联网技术通过 QQ、微信和论坛等方式与企业进行知识共享，无线共享指的是顾客通过电话、短信等方式与企业进行知识共享，离线共享指的是顾客通过与企业面谈、现场指导等方式进行知识的共享。三种方式的优缺点如表 2-4 所示。

表 2-4　三种知识共享途径及优缺点

共享方式	共享途径	优点	缺点
在线共享	QQ、微信、论坛、虚拟社区、微博、电子邮件	实时共享、顾客参与的主动性较强、共享成本低、易于显性知识的共享	共享效果一般，不易于隐性知识的共享
无线共享	电话、短信	实时共享、共享成本低、易于显性知识的共享	共享效果一般，不易于隐性知识的共享，顾客参与的主动性较弱
离线共享	面谈、现场指导、现场体验	共享效果好、易于隐性知识的共享、体验价值较高	需要顾客到场，共享成本较高，需要较高的顾客参与意愿

2.3.3　顾客知识共享的过程

Nonaka（1994）从显性知识和隐性知识的角度提出了 SECI 模型，认为显性知识和隐性知识并非静止不变的，它们是可以相互转化的，并且共存在四种类型的转化。其中社会化（socialization）为隐性知识向隐性知识的转化，外在化（externalization）为隐性知识向显性知识的转化，组合化（combination）为显性知识和显性知识的组合，内部化（internalization）为显性知识向隐性知识的转化，因而形成了四种场：源发场、互动场、网络场和练习场。Gilbert 等人（1996）认为在组织引入新知识时需要经历五个阶段：①知识获取阶段，当组织认识到缺乏某种知识时，组织需要通过外部获取或内部创造来寻找知识源；②知识沟通阶段，组织通过建立适合知识转移的沟通平台或机制来消除知识沟通的障碍；③知识应用阶段，即组织通过对知识的吸收和学习，将外部知识真正转化为组织内部的知识，并将所掌握的知识运用到组织的运营中为组织解决实际问题；④知识接受阶段，目的是使知识能够在组织内部得到广泛的吸收和交流，并且要使得组织的基础员工能够对知识进行吸收和学习；⑤知识同化阶段，即组织将学习到的知识融入组织生活中，从而使得组织中的成员都能够有所改变。此外，Szulanski（2000）根据知识转移的过程将知识共享分为四个阶段：①初始阶段，企业或个人发现自身存在的知识差距，进而寻找缩小差距的相关知识；②实施阶段，知识转移双方在选定转移所依赖的媒介后进行知识和资源的交流；③调整阶段，知识接受者对转移的知识进行调整并且开始使用这些知识，在此基础上对新知识产生的绩效进行评价；④整合阶段，知识接受者通过制度化将知识进行整合，从而使转移的知识成为自身知识的一部分。Garavelli 等人（2000）将知识共享过程分为知识从知识源向接受方的流动和接受方对知识的吸收利用两个阶段，其中第一阶段包含了编码阶段和解释阶段两个阶段。

本书从宏观和微观两个层面对顾客知识共享过程进行分析：

1.宏观层面的知识共享过程

宏观层面的顾客知识共享模型如图 2-4 所示，共包括知识的产生、知识的转移、知识的应用和知识的创新四个阶段。外侧箭头描述了知识流在知识提供者、知识传递者和知识接受者间的流动，包含了知识提供者对知识的转化和共享，知识传递者对知识的传递和扩散，以及知识接受者对知识的学习、反馈和创新。

宏观层面的知识创新过程包括：①知识的产生阶段，知识的产生来源于知识共享主体通过正式或非正式教育获得的知识，既包含了以书本知识为代表的显性知识，又包含了技能知识、文化知识等隐性知识；②知识的转移阶段，知识转移过程主要是指知识由知识提供者向其他知识共享主体转移的过程，知识提供者对知识进行共享，知识传递者负责对知识进行传递和扩散；③知识的应用阶段为知识接受者在接受到共享的知识后，在对知识消化、吸收和学习的基础上将知识运用到实践中；④知识的创新阶段，知识的创新过程包括两部分，一是知识接受者在对接受到的新知识深入学习的基础上进行知识的创新，二是知识提供者在接受到知识接受者的反馈后对知识进行改进和创新。知识创新阶段产生的新知识会继续进行共享，从而形成循环，使得知识能够不断地在知识共享主体间进行流动。

学习、反馈、创新

知识的产生

知识提供者共享的显性知识和隐性知识

知识的创新

在对共享知识消化吸收的基础上产生新知识

知识提供者

知识接受者

知识传递者对共享的知识进行扩散和转移

知识的转移

知识接受者对共享的知识进行应用

知识的应用

知识传递者

转化、共享

传递、扩散

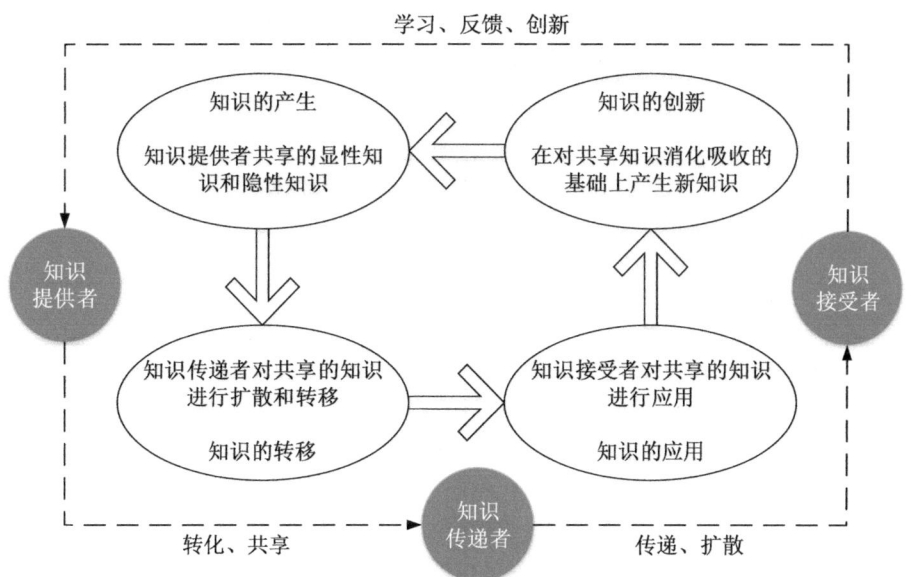

图 2-4　宏观层面的知识共享模型

2.微观层面的知识共享过程

从微观层面看，顾客知识共享包含了社会化、组合化、内部化和外部化四个过程，并且顾客知识共享是一个循环往复的动态过程，实现了不同种类的知识在不同主体之间的传递和转化，使得知识呈螺旋上升的趋势，为知识创新提供源源不断的动力。微观层面的顾客参与知识共享过程如图 2-5 所示。

①社会化。顾客知识共享过程中的社会化包含隐性知识的共享和转化两部分，主要是指顾客与企业间隐性知识的共享，以及将共享的隐性知识转化为自身的隐性知识的过程。由于隐性知识难以简单地用语言进行表述且不易于编码，使得隐性知识的共享需要借助观察、模仿、演示、现场教学等方式，因此需要顾客通过离线参与的方式进行知识共享，例如顾客对企业的实地考察和现场指导等等。

②外部化。顾客知识共享过程中的外部化指的是知识共享主体将共享的隐性知识转化为显性知识的过程，即知识接受者在接受到共享的隐性知识后，通过对该知识的学习、消化和吸收后将其转化为易于表达和理解的显性知识。例如顾客分享了关于产品的使用窍门、隐藏属性等相关知识，企业可以在对该知

识分析的基础上更新产品的使用说明书，使隐性知识能够通过图片和文字表达出来，从而有利于知识的储存和传播。

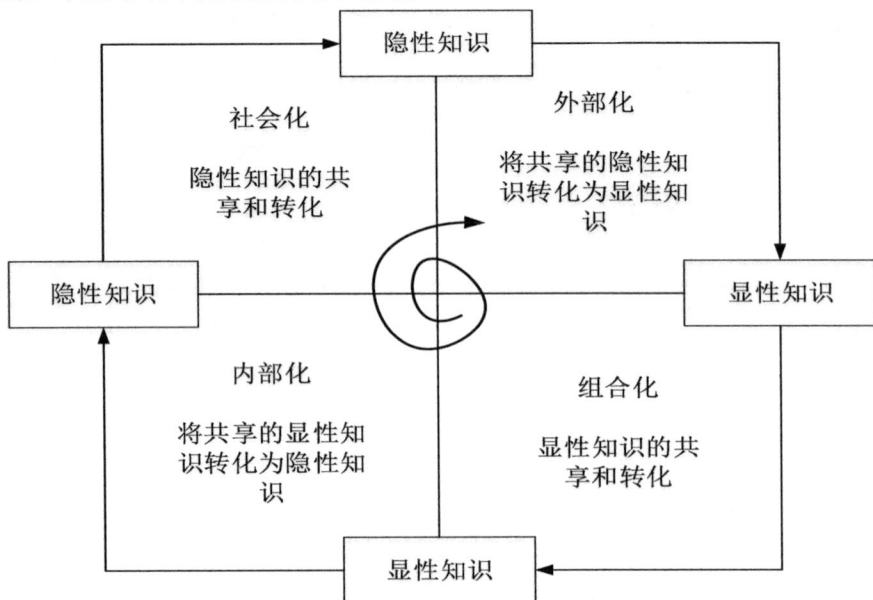

图 2-5　微观层面的知识共享模型

③组合化。顾客知识共享过程中的组合化包含了显性知识的共享和组合两部分，主要是指顾客与企业间的显性知识共享，以及知识共享主体将共享的显性知识进行消化、吸收和组合从而更新自身的知识储备。由于显性知识易于编码和传播，使得顾客可以通过在线或无线的方式进行知识的共享，例如，米粉们可以通过小米社区进行知识的共享及问题的反馈。

④内部化。顾客知识共享过程中的内部化指的是将共享的显性知识转化为隐性知识的过程，知识接受者在接受到共享的显性知识后，需要对该知识进行长期、反复的学习，从而将该知识转化为自身的隐性知识，提升自身的学习能力和实践能力。例如顾客共的需求知识，顾客表达了对产品外观、性能等方面的需求，企业需要对顾客的需求知识进行深入的分析，并将其运用到对生产工艺的改进及生产流程的重组等，进而生产出满足顾客独特需求的产品。

2.3.4 顾客知识共享对企业创新的影响

顾客知识共享对企业新产品创新的影响。Woojung 和 Steven（2016）分析了顾客的参与对新产品创新的影响，结果表明顾客在新产品创意阶段的参与能够通过加快新产品上市进程的方式来提升企业的财务表现，且顾客参与新产品创新的绩效在新兴国家，低科技行业和小型企业表现得更为明显。Todd 等人（2018）在对 14 个不同行业的 243 家不同规模的公司进行的一项研究中，调查了顾客的参与对新产品开发的影响，证实了顾客的参与与新产品的开发行为正相关，并且创新在其中起调节作用。Chen 和 Liu（2020）分析了顾客参与对中小企业绿色产品创新的影响，顾客参与有助于中小企业对机会的识别和利用，从而促进绿色产品创新。姚山季和王永贵（2012）引入关系嵌入的概念，揭示了新产品开发进程中顾客参与对企业新产品开发的时间绩效和创新绩效的差异化影响。黄海艳（2014）基于动态能力的视角证实了顾客参与对企业动态能力和新产品开发绩效具有显著的正向影响。陶晓波和刘桂春（2015）分析了信息来源型顾客参与、联合研发型顾客参与和独立研发型顾客参与对企业新产品开发绩效的影响，并通过实证研究证实了联合研发型顾客参与活动对新产品开发绩效的影响最强。赵莉等人（2020）从信息提供、人际互动和用户创新三个维度探究了顾客参与对中小企业创新绩效的影响，证实了顾客参与能够显著地正向影响中小企业的创新绩效，以及社交媒体导向和社交媒体能力在其中的调节作用。张洁和廖貅武（2020）探究了虚拟社区中的顾客参与对新产品开发绩效的影响，证实了顾客的交互式信息提供和在线参与创造均能够显著地正向影响新产品的上市速度和新颖性，且知识共享在其中起着中介作用。

顾客知识共享对企业技术创新的影响。姚山季和王永贵（2011）从信息提供、共同开发和顾客创新三个维度分析了顾客参与对技术创新绩效的影响，验证了顾客参与对技术创新绩效的积极影响及信息共享的中介作用。陈漫（2018）以知识基础观的视角探究了顾客参与对企业突破式创新的影响，证实了信息提供和共同开发的顾客参与均能够提升企业的技术突破式创新，信息提供能够增强企业的市场突破式创新，但共同开发则会负向影响市场突破式创新。郑建等人（2018）以虚拟品牌社区环境下的顾客参与为研究背景，验证了信息提供和参与创造两个维度的顾客参与能够显著地正向影响技术创新绩效。

顾客知识共享对企业服务创新的影响。胡有林和韩庆兰（2018）结合价值共创和开放式创新理论，探析了顾客参与对产品服务系统创新绩效的影响，证实了包括个体参与和组织参与的顾客参与能够对产品服务系统创新绩效中的财务绩效和战略绩效产生显著的正向影响。张婧等人（2017）以 B2B 企业的营销创新能力为研究对象，证实了顾客参与能够对 B2B 企业的营销创新能力产生显著的正向影响。张克英等人（2018）从服务创新特点出发，探究了信息分享、顾客接触和合作行为三个维度的顾企互动对企业服务创新和企业绩效的影响机制，证实了三个维度的顾企互动均能够显著地正向影响服务创新和企业绩效。冯文娜等人（2020）以制造企业的服务创新为研究对象，证实了顾客的参与能够通过资源拼凑来影响制造业企业的服务创新绩效，并且当服务的复杂性较低时，顾客参与通过资源拼凑对企业服务创新绩效的影响更为显著。

还有学者从员工创新的视角探究了顾客知识共享对企业员工创新行为的影响，Li 等人（2018）以服务传递过程中的顾客参与为研究对象，证实了顾客的情感型参与和信息提供型参与均能够显著地正向影响员工创新行为，而行为型参与对员工创新行为的影响却不显著；刘德文和高维和（2019）证实了顾客参与能够通过工作负荷和组织认同的中介作用对员工的创新意愿产生影响，且组织支持感在其中起着调节作用；辛本禄等人（2020）从信息交换的角度证实了顾客参与一方面能够直接正向影响员工的服务创新行为，另一方面能够通过信息共享的中介作用对员工服务创新行为产生正向影响，员工吸收能力在其中还起着调节作用；孔祥西等人（2020）以社会学习理论和自我决定理论为基础验证了顾客参与对员工创新行为的促进作用，并验证了创造性自我效能和内部动机在两者关系之间起到链式中介作用。

虽然国内外学者对知识共享领域的研究成果较多，但通过分析发现，现有的研究成果存在以下不足，这些不足也是今后的研究方向：

（1）对知识共享的研究集中在供应链间知识共享、虚拟社区知识共享、组织内部知识共享和产学研协同创新知识共享等方面，而从顾客参与的视角对顾客与企业间的知识共享进行研究的较少。

（2）对于知识共享影响因素的研究大多局限于某一因素或几个因素。由于知识共享是一个复杂的过程，其中涉及管理学、心理学、数学、信息科学等众多学科，因此需要从更宽的学术角度和心理学角度来对知识共享进行研究。然而，在对国内外相关领域研究成果分析的基础上发现，现阶段国内外学者对于知识共享影响因素的研究大多数只针对某一因素或几个因素，使得研究具有一定局限性，缺乏从多视角、多维度对知识共享影响因素进行系统的研究。因此，今后的知识共享会趋向于用综合跨学科的研究框架来进行研究，考察知识共享的综合影响因素。

（3）对知识共享模型的研究偏理论概念的较多，缺乏实证的、定量的研究。目前国内外学者对顾客知识共享模型的研究多为概念性研究，对知识共享的运行机制以及管理机制没有广泛的研究基础，知识共享与社会网络的结合以及知识共享在复杂网络上的模拟和仿真也是未来重要的研究方向。

（4）对知识共享激励机制的研究具有一定的局限性。目前对知识共享激励机制的研究主要为显性知识共享的激励机制和隐性知识共享的激励机制，然而在现实中，共享的知识往往为显性知识和隐性知识的综合体，共享知识的组成结构会对激励机制产生怎样的影响也是一个有待解决的问题。

综上所述，为了丰富知识共享领域的研究，本书拟从顾客与企业间知识共享的视角对顾客知识共享进行研究，重点研究顾客知识共享的影响因素、顾客知识共享的决策机制、运行机制和激励机制，旨在弄清楚哪些因素会影响顾客参与知识共享；各因素是怎样影响顾客知识共享决策行为的；当顾客做出参与知识共享的决策后，知识共享过程是怎样进行的；怎样才能激励顾客参与知识共享。笔者试图通过本书的研究揭示顾客知识共享的内在机理，为企业的知识管理相关活动提供理论指导。

2.4　本章小结

本章从价值共创和知识共享的视角对相关领域的研究现状进行了总结与分析，对顾客知识共享的特征、组成要素、知识共享过程及顾客参与对企业创新的影响进行了分析，并在此基础上总结了该领域现有研究存在的局限性，为后续内容的研究奠定了理论基础。

第3章　顾客知识共享的影响因素分析

知识已逐步取代资本和能源成为企业发展所需的重要资源，也是企业在激烈的市场竞争中获取竞争优势的关键。随着大数据、云计算等互联网技术的应用和"消费者主权论"的发展，顾客由被动的价值接受者转变成了价值的主导者参与到企业的价值创造活动中，同时，微博、微信、虚拟社区的发展为顾客提供了更加便捷的参与平台。顾客的参与使得顾客知识成为企业重要的外部资源，顾客知识的共享对企业的产品创新、管理创新和技术创新具有重要的推动作用，因此，对顾客知识共享的研究备受学术界和企业界的关注。然而，顾客的知识共享行为不是自然发生的，那么哪些因素会对顾客的知识共享行为产生影响呢？本章将从知识共享主体、知识共享客体和知识共享环境三个方面对顾客知识共享的影响因素进行分析，在此基础上提出顾客知识共享环境影响因素的研究假设，并构建顾客知识共享影响因素研究模型。

3.1 顾客知识共享影响因素概念模型

对于知识共享影响因素模型的构建，Albino 等人（1999）构建了包含知识共享主体、知识共享客体、知识共享渠道和知识共享环境四部分的组织内部知识共享影响因素模型。McLaughlin 等人（2008）从知识特性、组织结构、内部人员和整体环境等四个方面构建了组织知识共享影响因素模型。丁诚（2008）从知识共享主体、知识共享对象、知识共享手段和知识共享环境四个方面构建了组织内部知识共享影响因素模型。朱玉洁从知识传播者、知识接受者、知识特征、知识共享手段和知识共享环境的角度构建了虚拟组织知识共享的影响因素模型。王海花等人（2013）从知识共享环境、知识共享渠道、知识资源需求、知识资源池四个角度构建了组织间知识共享影响因素模型。鉴于以上学者的研究，本章从顾客知识共享组成要素的视角对顾客的知识共享行为进行研究，主要分析知识共享主体因素、知识共享客体因素和知识共享环境因素对顾客知识共享行为的影响，并构建了如图 3-1 所示的概念模型。

由图 3-1 可知，对顾客知识共享行为影响因素的研究主要包括以下几个方面：（1）知识共享主体因素是怎样对顾客的知识共享行为产生影响的，主要探究顾客的知识共享能力、知识共享意愿、知识共享成本、预期收益、顾客忠诚度和信任会怎样影响顾客的知识共享行为；（2）知识共享客体因素是怎样对顾客的知识共享行为产生影响的，主要探究知识特性会怎样影响顾客的知识共享行为；（3）知识共享环境因素是怎样对顾客的知识共享行为产生影响的，主要探究技术支持和组织激励会怎样影响顾客的知识共享行为。

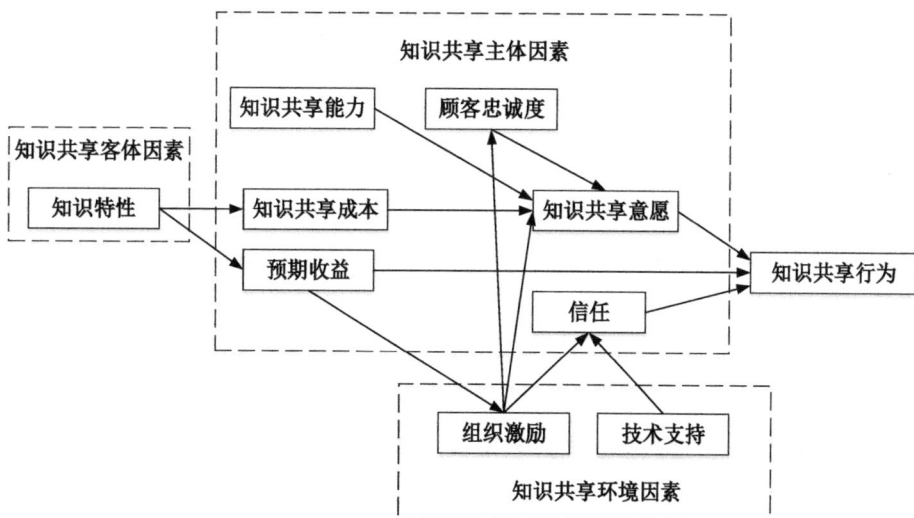

图 3-1 顾客知识共享影响因素概念模型

3.2 顾客知识共享影响因素研究假设

3.2.1 知识共享主体因素对顾客知识共享的影响

1.知识共享意愿

知识共享是一种自愿行为，指的是知识拥有者自愿地将自己所掌握的知识与他人共享，因此，知识共享意愿是影响顾客参与知识共享的关键因素之一，也是知识共享行为能否发生的重要影响因素。研究发现，个人的性格特质、知识共享态度、主观规范、个人对知识的感知价值以及自我效能等因素都会对知识共享意愿产生影响（Yang et al.，2008；Jeon et al.，2011；Wu et al.，2012）。个体在进行知识共享之前会权衡利弊，一方面，知识的共享能够提升自身价值并丰富自身的知识储备；另一方面，知识的共享可能会降低自身的竞争优势和不可替代性。对知识拥有者来说，由于其拥有的知识在某种程度上具有专家权力，使得知识拥有者不愿意失去这种由权力带来的成就感和优越感，对于知识接受者来说，如果其接受到的知识难以理解和吸收，那么会使接受者对知识共享行为产生排斥的负面情绪，知识接受者会拒绝对新知识的吸收和学习，而是更加偏爱自己掌握的原有知识（姜文，2007）。通过以上分析发现，知识共享行为的产生一方面需要知识提供方有对知识的共享意愿，另一方面需要知识接受方有对知识的吸收和学习的意愿。因此，共享意愿既包括将知识向他人共享的意愿，又包括吸收和学习他人知识的意愿。本书从参与意愿、互动意愿和学习意愿三个方面对知识共享意愿进行分析，参与意愿描述了参与者作为知识提供者时对自身知识进行共享的意愿，互动意愿指的是知识共享参与者在知识共享过程中与其他参与者进行互动和沟通的意愿，学习意愿指参与者作为知识的接受者时对知识的接受、吸收和学习的意愿，当知识共享参与者的参与意愿、互动意愿和学习意愿较强时，知识共享行为更容易产生。根据以上分析提出研究假设：

H1：知识共享意愿会正向影响知识共享行为

2.顾客忠诚度

对顾客忠诚的定义大致可以划分为三种，分别从不同的角度对顾客忠诚进行了阐释：第一种是从顾客行为的角度进行定义，强调的是顾客的购买行为，可以具体表现为顾客购买该产品或服务的数量、重复购买的次数、顾客此种购买行为持续的时间等；第二种是从顾客情感态度的角度进行定义，强调的是顾客在消费过程中的情感和态度取向，认为顾客忠诚可以表现为顾客对产品或服务所提供的价值认同，对本次消费体验的正面评价以及向他人推荐的意愿等；第三种则是综合了顾客行为和顾客情感两种因素对顾客忠诚进行定义，此种定义较为全面，指出顾客忠诚可以体现为较高的态度取向和顾客的重复购买行为。因此，顾客忠诚指顾客在接受企业所提供的产品和服务后，在消费体验的基础上做出的对该产品和服务的正面评价及未来购买意向，表现为较高的态度取向和重复购买行为（王玖河等，2017）。顾客忠诚是建立在顾客满意基础之上的，只有当顾客对企业提供的产品和服务较为满意时，才会有较高的顾客忠诚度。当顾客的忠诚度较高时，顾客对企业的信任感和归属感较强，因此能够增强顾客参与知识共享的意愿。根据以上分析提出研究假设：

H2：顾客忠诚度会正向影响知识共享意愿

3.知识共享能力

知识共享能力指的是沟通能力，主要包括知识源的展现力、编码能力以及知识受体的理解力、消化吸收力等（高继平等，2015），是指个体能够在多大程度上有效地将其所拥有的知识资源进行共享。石艳霞（2005）从知识贡献能力和知识搜索能力的角度对 SNS 虚拟社区用户的知识共享能力进行了分析，并证实了用户的知识共享能力会正向影响知识共享行为。冯长利（2011）以供应链知识共享为研究对象，证实了知识吸收能力和知识转移能力能够正向影响知识共享行为。Cohen 和 Levinthal（1990）认为知识共享能力包含对知识的识别、消化和应用；Zahra 和 George（2002）认为知识共享能力包括对潜在知识和现实知识的吸收能力，以及对知识的转化能力和利用能力；王三义等人（2007）从表达自身知识的能力、评估接受者的需求和接受能力方面的能力、转化知识的能力三个方面对知识共享能力进行了测量。

鉴于已有的相关研究，本书根据知识共享参与者在知识共享过程中充当的不同角色，将知识共享能力定义为知识提供者对知识的表达能力、知识传递者对知识的转移能力和知识接受者对知识的吸收能力。由于个体的性格特征、知识共享态度和知识水平等因素的差异，使得个体间的知识共享能力存在差异，同时，由于个体趋利避害的特性，使得个体更倾向于选择对自身有利的事情以及自身擅长的事情。因此，共享能力强的个体更倾向于参与知识共享过程，一方面能够增加自身知识的储备量，另一方面能够在知识共享过程中获得满足感和优越感。而共享能力较弱的人则更倾向于选择保持原有的知识储备。根据以上分析提出研究假设：

H3：知识共享能力会正向影响知识共享意愿

4.知识共享成本

在知识共享过程中，参与知识共享的个体必然会付出一定的成本，包括个体在知识搜集和获取过程中花费的时间成本、金钱成本以及参与知识共享过程中延误了个体的其他计划造成的机会成本等。经济学和组织行为学认为，人们选择某种行为的意愿是以自身的利益得失为出发点，即预期的收益和成本会直接影响个体的行为意向。那么，当知识共享成本较高时，个体参与知识共享的意愿较低。根据以上分析提出研究假设：

H4：知识共享成本会负向影响知识共享意愿

5.预期收益

在知识共享过程中，参与知识共享的主体希望能够通过参与行为获得一定的报酬，这种报酬可能是物质方面的，也可能是情感方面的。企业通过顾客的知识共享满足了其知识需求，那么企业应给予顾客相应的报酬作为回报，从而满足顾客的个体需求。从交换理论来看，当个体参与知识共享是为了获得长期互惠互利关系时，这种交换属于社会交换，当个体参与知识共享是为了获得物质回报时，则这种交换属于经济交换（金辉，2013）。

因此，本书认为顾客对知识共享行为的预期收益包含共享收益、经济收益和情感收益三个方面：第一，知识共享创造的价值是由顾客和企业共同创造的，因此顾客会希望企业将知识共享创造的收益进行共享；第二，顾客希望通过参与知识共享获得直接或间接的经济收益；第三，顾客希望通过参与知识共享能够获得企业的认同感以及帮助他人的自我满足感。当顾客的预期收益较高时，其参与知识共享的可能性较高；当顾客的预期收益较低时，则会降低其参与知识共享的概率。同时，当顾客的预期收益越高时，就越期望自己在知识共享中的付出能够得到回报，因此会更加期望企业存在相应的激励机制来实现预期的收益。根据以上分析提出研究假设：

H5：预期收益会正向影响知识共享行为

H6：预期收益会正向影响组织激励

6.信任

信任是一个复杂的多维概念，国内外学者从不同的视角对信任的概念进行了定义，其中图书情报学的学者从虚拟社区的视角对信任进行定义，认为信任是增进虚拟社区用户间交流的重要因素，同时也是促进信息交流和知识共享的核心要素（张敏等，2015）。Andrews 和 Delahaye（2000）指出在知识共享过程中，知识接受方感受到的知识提供方的可信度会对知识获取过程产生影响，知识提供方感受到的知识接受方的可靠性会对知识共享过程产生影响。Davernport（2003）认为信任是实现知识共享的必要条件之一，当组织成员间互相信任时，知识交换行为才能够产生，并且知识流量也会随着信任关系的增长而增长。Lu 等人（2006）研究发现，当员工对组织内成员的信任感越高时，员工更愿意与其他成员共享自己的知识，并且 Lin（2007）证实了在隐性知识共享过程中，信任感的提升能够打破知识共享的障碍并且提升知识共享的意愿。

Soonhee 和 Hyangsoo（2006）以组织内部的知识共享为研究对象，通过实证研究证明了同事间的信任能够显著地促进组织成员的知识共享行为。Birgit（2008）认为同事之间的信任是组织内部知识共享的基础，在知识共享过程中，信任能够降低知识共享成员的心理不安全感，从而促进知识共享行为的发生。Usoro（2007）指出信任包括基于能力的信任、基于诚实的信任和基于仁慈的信任三部分，并验证了在虚拟社区的知识共享中，信任会正向影响知识共享行为。雷雪等人（2008）认为虚拟社区成员间的信任有利于营造社区内良好的交互环境，从而促进社区成员知识共享行为的产生。Zhang 等人（2010）以虚拟社区知识共享为研究对象，通过实证研究证实了信任一方面能够直接正向影响社区成员的知识共享行为，另一方面能够通过心理安全感的中介作用对知识共享行为产生影响，信任的提升能够增强社区成员的心理安全感，较高的心理安全感使得社区成员更愿意对自己的知识进行共享，从而促使知识共享行为的发生。

基于以上分析可知，信任是影响顾客参与知识共享的重要因素，本书采用学者 McAllister 提出的信任分类方法，将信任分为情感信任和认知信任两部分，其中情感信任考察的是企业是否诚心地关注消费者的利益，认知信任考察的是消费者对企业的品牌和能力的信任。在知识共享过程中，如果顾客感知到了企业对消费者利益的关心，或者顾客对企业的品牌和能力比较信赖，那么顾客将更倾向于参与知识共享。根据以上分析提出研究假设：

H7：信任会正向影响知识共享行为

3.2.2 知识共享客体因素对顾客知识共享的影响

1.知识的时效性

知识是一种具有时效性的产品，知识的价值会随着时间的推移而降低。Mukherji（2005）发现在发展迅速的企业里，显性知识是具有存储寿命的，而且其寿命极短，若其未被及时共享就会被废弃；Teece（2000）认为如果没有在正确的时间将知识共享给正确的人，那么该知识就会失去价值。在知识共享过程中，能否及时地将知识分享给需要的人是十分重要的，一方面需要知识提供方本身掌握了知识接受方需要的知识，另一方面需要知识提供方能够对知识接受方的知识需求进行快速响应，为了保证知识的时效性，知识提供方会在知识共享过程中投入更多的时间和精力，因此会增加共享成本，如果不给予一定的报酬作为回报则会降低知识拥有者的共享积极性，并且知识的时效性越高，知识拥有者的期望收益也会越高。

2.知识的经济性

由于知识被认为是一种资源，因此知识必然具有经济性和价值性，知识的经济性又会导致知识拥有者有意识地对知识进行垄断（谢卫红等，2014），当知识拥有者感知到其所掌握的知识是一种有价值的商品时，知识拥有者则更倾向于掌握对知识的所有权，并且会更加谨慎地决定知识共享的内容、知识共享的对象和知识共享的时机（宋志红等，2010），使得知识的共享更加困难，从而增加了知识共享的成本。Yang 等人（2008）指出知识共享的预期收益与个体对知识的感知价值有关，当个体感知到其欲共享的知识具有较高的价值时，则个体希望通过知识共享获得更高的收益。换句话说，为了促进知识的共享，需要给予知识拥有者一定的报酬作为对知识的交换，当知识的经济性较高时，意味着知识具有的价值或其能够创造的价值也较高，那么知识拥有者期望获得的报酬也就越高。

3.知识的稀缺性

从经济学角度来讲，稀缺性知识指的是在社会上通过正式教育或非正式教育渠道获得并且掌握的、具有难度的、市场供给小于需求的知识；非稀缺性知识指的是在社会上获得的、容易掌握的、市场供给大于需求的知识。知识的稀缺性是相对的，某人掌握的非稀缺性知识对他人来说可能是稀缺性知识。由于知识的稀缺性，导致人们更倾向于对知识的独享，使得知识的共享难以实现（叶瑞克，2008），增加了知识共享的成本。为了促进知识的共享，需要给予知识拥有者一定的报酬作为交换，而知识的稀缺性越高，知识拥有者期望的报酬也就越高。

4.知识的复杂性

组织中共享的知识类型，按照知识的显隐性程度排列为书本知识、协调知识、实践知识、基于对象的知识、专业知识和文化知识。其中，书本知识等显性知识是易于编码且易于用语言表达的简单知识，共享难度较低，而专业知识等隐性知识是难以形式化且不易用语言表达的复杂知识，其来源于特定情境中的实践和参与，因此共享难度相对较高。

在知识共享过程中既包括显性知识的共享，也包括隐性知识的共享。隐性知识主要包括认知、情感、经验、技能和信仰等（钟义信，2001），隐性知识的共享需要借助演示、现场指导等方式，而掌握隐性知识的方法就是需要知识接受者对知识进行不断的学习和领悟（Drucker，1991），因此隐性知识的共享成本较高且不易于传播。然而显性知识和隐性知识并非静止的，而是相互转化的，共存在四种类型的转化，分别为社会化、外在化、组合化和内部化。 当知识的复杂程度越高时，知识共享的难度越大，需要参与者在知识共享过程中投入更多的时间和精力对知识进行转化、传递、消化和吸收等，因此增加了知识共享的成本。为了促进知识的共享，需要给予知识拥有者一定的报酬作为交换，而知识的复杂性越高，知识拥有者期望的报酬也就越高。根据以上分析提出研究假设：

H8：知识特性会正向影响知识共享成本

H9：知识特性会正向影响预期收益

3.2.3 知识共享环境因素对顾客知识共享的影响

1.技术支持

技术支持是知识共享实现的基础，主要包括共享技术和共享平台两个部分，共享技术主要包括编码技术、知识库技术、网络通信技术、信息与合作技术等（战培志等，2005；樊治平等，2006）。共享平台包括由信息技术搭建的网络平台，以及以正式与非正式的现实交流为主的非网络共享平台。

Dyer 等人（2000）指出信息技术中 IT 设备的使用能够有效地促进知识的共享和转移。Currie 等人（2003）认为网络、物联网、云计算等信息技术为知识共享行为提供了良好的条件。Zhou（2011）的研究发现，信息和沟通技术能够在一定程度上降低知识共享的时空障碍，从而促进知识共享行为的发生。因此，为了促使知识共享行为的发生，企业需要为顾客提供知识共享的平台以及相应的技术支持，企业的技术支持一方面能够降低顾客参与知识共享的难度，另一方面能够体现企业对顾客知识共享行为的重视度和认可度，从而提升顾客对企业的信任。根据以上分析提出研究假设：

H10：技术支持会正向影响信任

2.组织激励

King 等人（2008）认为，组织奖赏是促进知识共享的有利因素之一。Dixon（2002）的研究证实了员工由于担心进行知识共享后会降低自身的竞争力，因此使员工对知识共享存在抵触情绪，导致知识共享行为无法发生，而组织的激励机制是打破员工这种担忧的重要途径。杨振华等人（2007）指出，只有当知识共享的成本远低于知识共享获得的收益时，知识共享行为才能够发生。Gagné（2009）认为，无论是物质奖励（如金钱回报）还是精神激励（如声誉回报）均能促进组织内部个体间的知识共享。Siemsen 等人（2008）认为知识源与知识接受方在知识共享的过程中都要付出时间、精力、财富等代价，所以必须对知识共享的双方进行相应的物质奖励。

同时，也有学者的研究发现，知识共享的激励机制与其他的激励机制不同，物质激励只能增加知识共享的数量，但是并不能提高知识共享的质量（孔庆杰等，2008）。因此，需要对顾客的知识共享行为给予一定的物质激励和情感激励，顾客的知识共享行为需要顾客对知识进行归纳、整理、转换和传递等等，因此会耗费一定的时间和精力。企业提供的物质奖励能够弥补顾客的知识共享成本，从而提升顾客参与知识共享的积极性，而情感激励会增强顾客与企业间的互动，能够增强顾客对企业的认同感和信任，顾客也会感受到来自企业的尊重和关怀，从而提升顾客参与知识共享的意愿。

组织激励的前提是要建立相应的评估机制，从而实现对顾客在知识共享过程中的贡献进行科学的评价，并根据评价的结果实施相应的物质激励和情感激励，因此，评估机制是组织激励的重要组成部分，也是物质激励和情感激励的基础。评估机制的存在能够对顾客的贡献进行客观的评价，评价结果的客观性、科学性和公平性能够增强顾客对企业的信任，从而增强顾客的忠诚度。根据以上分析提出研究假设：

H11：组织激励会正向影响知识共享意愿

H12：组织激励会正向影响信任

H13：组织激励会正向影响顾客忠诚度

在对顾客知识共享影响因素分析的基础上，笔者归纳出了如表 3-1 所示的 13 项假设内容，除假设 H4 为负向影响外，其余假设均为正向影响。该研究假设能够为调查问卷的设计提供理论指导。

表 3-1　研究假设

研究假设	假设内容	影响方向
H1	知识共享意愿会正向影响知识共享行为	+
H2	顾客忠诚度会正向影响知识共享意愿	+
H3	知识共享能力会正向影响知识共享意愿	+
H4	知识共享成本会负向影响知识共享意愿	-
H5	预期收益会正向影响知识共享行为	+
H6	预期收益会正向影响组织激励	+
H7	信任会正向影响知识共享行为	+
H8	知识特性会正向影响知识共享成本	+
H9	知识特性会正向影响预期收益	+
H10	技术支持会正向影响信任	+
H11	组织激励会正向影响知识共享意愿	+
H12	组织激励会正向影响信任	+
H13	组织激励会正向影响顾客忠诚度	+

3.3 问卷设计及数据收集

3.3.1 问卷设计

1.问卷设计的原则

（1）准确性原则。准确性原则指的是问卷的题项设计要清晰明了，问题的描述要保证表达准确并且用词恰当，避免使用较模糊或容易产生歧义的词语，需要确保被调查者能够清晰准确地明白各个题项的具体意思，从而保证调查数据的可靠性。

（2）互斥性原则。互斥性原则指的是调查问卷每个问题的各选项间应该是互斥的，不能够出现重复或者包含关系，例如被调查者年龄的问题，问题选项不能够同时出现"21~30 岁"和"30 岁以下"两个选项，因为选项间存在包含关系容易产生歧义。

（3）隐私性原则。隐私性原则指的是问卷题项的设计要避免涉及被调查者的隐私，同时避免敏感性问题，例如被调查者的年龄、收入等个人信息不要要求被调查者直接填写具体数字，在选项中可以用分段的形式给出，避免被调查者的反感、厌恶等负面情绪。

（4）合理性原则。合理性原则指的是问卷题项的数量要合理，不宜过多或过少，问题数量过少会使得调查结果无法反映研究问题的核心，问题数量过多则会使得被调查者无法耐心地填写问卷，从而降低数据的可信度。

2.问卷的结构设计

本研究问卷主要包含三个部分，第一部分是问卷的说明，主要目的是向被调查者说明此次调查的目的及主要内容，并告知被调查者问卷的答案无对错之分，请根据自身的真实信息及感受进行填写；第二部分是被调查者的基本资料，主要包括被调查者的性别、年龄、受教育程度等基本信息；第三部分是问卷的主体部分，主体部分的问卷采用李克特五级量表来进行评分，1="非常不同意/不重要"，2="有些不同意/不重要"，3="中立"，4="有些同意/重要"，5="非常同意/重要"。

本研究问卷主体部分共包含 35 个题项，各潜变量、显变量的代码及问卷的题项来源如表 3-2 所示。

表 3-2 问卷的主体结构

潜变量	潜变量代码	题项数目	显变量代码	题项来源
顾客忠诚度	A1	3	A11～A13	魏庆刚（2013）
知识共享能力	A2	4	A21～A24	韩国元等（2014），张旭梅等（2009）
知识共享成本	A3	3	A31～A33	Gian 等（2012）
知识共享意愿	A4	4	A41～A44	He 等（2009）
信任	A5	4	A51～A54	Devon 等（2005），瞿敏（2014）
预期收益	A6	3	A61～A63	韩国元（2012）
知识特性	B	4	B1～B4	魏道江等（2015）
技术支持	C1	3	C11～C13	胡刃锋（2015）
组织激励	C2	3	C21～C23	Malik 等（2015），Hsu 等（2007）
知识共享行为	D	4	D1～D4	张祥等（2006）

3.3.2 样本基本信息

本次调查问卷的发放主要采用了网络调查的方式，问卷的发放和问卷回收的起止时间为 2018 年 3 月至 2018 年 7 月，采用问卷星进行问卷的发放和回收，共回收问卷 263 份，剔除无效问卷后最终得到有效问卷 222 份，有效问卷的回收率为 84.4%。从性别分布来看，被调查者中男性为 118 人，占被调查者总数的 53.2%，女性为 104 人，占被调查者总数的 46.8%，可知被调查者中男女比例相差不大；从被调查者的年龄分布来看，21～30 岁占比 45.5%，31～40 岁占比 35.1%，可知被调查者多为青年人；从被调查者的学历来看，本科生占比 43.7%，硕士生占比 28.4%，可知被调查者多数为高学历人群，样本的详细信息如表 3-3 所示。

表 3-3 样本基本信息

类别	人口变项	人数	比例
性别	男	118	53.2%
	女	104	46.8%
年龄	20 岁以下	8	3.6%
	21～30 岁	101	45.5%
	31～40 岁	78	35.1%
	41～50 岁	23	10.4%
	51 岁以上	12	5.4%
受教育程度	大专及以下	45	20.3%
	本科	97	43.7%
	硕士	63	28.4%
	博士及以上	17	7.6%
地域分布	北京	43	19.4%
	天津	29	13.0%
	上海	18	8.1%
	吉林	22	9.9%
	河北	85	38.3%
	其他地区	25	11.3%

3.4 数据分析

3.4.1 信度与效度检验

信度分析主要用于评估量表的可靠性，对于李克特量表法来说，Cronbach's α系数法是最常用的信度检验方法，信度系数的取值在 0 至 1 之间，当量表的信度系数越高时，即信度系数越接近于 1 时，表明量表越稳定，即量表的可靠性越高。一般情况下，当α<0.5时表明编制的量表质量非常不理想，应当舍弃；当0.5≤α<0.6时表明编制的量表质量不理想，应该对量表进行重新编制；当0.6≤α<0.7时表明编制的量表质量尚佳，勉强可以接受；当0.7≤α<0.8时表明编制的量表质量较佳，可以接受；当0.8≤α<0.9时表明编制的量表比较理想；当α≥0.9时表明编制的量表非常理想。

此外，还可以通过结合 CITC（校正的项总计相关性）的值作为补充，一般情况下，要求 Cronbach's α 系数大于 0.7，CITC 大于 0.5。本章运用 SPSS 软件对样本数据的信度进行分析，信度分析的结果如表 3-4 所示。

由表 3-4 的信度分析结果可知，各潜变量的 α 系数均大于 0.7，并且各显变量的 CITC 均满足大于 0.5 的标准，且问卷的总体 α 系数为 0.919，表明量表的信度较高。

表 3-4　信度分析结果

潜变量	显变量	基于标准化项的 α 系数	项已删除的 α 系数	CITC
顾客忠诚度 A1	A11	0.867	0.787	0.774
	A12		0.828	0.729
	A13		0.821	0.735
知识共享能力 A2	A21	0.788	0.670	0.713
	A22		0.721	0.624
	A23		0.694	0.670
	A24		0.732	0.732
知识共享成本 A3	A31	0.845	0.750	0.746
	A32		0.810	0.683
	A33		0.785	0.709
知识共享意愿 A4	A41	0.869	0.807	0.783
	A42		0.825	0.738
	A43		0.827	0.734
	A44		0.868	0.631
信任 A5	A51	0.753	0.631	0.673
	A52		0.634	0.671
	A53		0.663	0.533
	A54		0.649	0.561
预期收益 A6	A61	0.874	0.805	0.778
	A62		0.862	0.714
	A63		0.799	0.784

（续表）

潜变量	显变量	基于标准化项的 α系数	项已删除的 α系数	CITC
知识特性 B	B1		0.886	0.875
	B2	0.925	0.911	0.800
	B3		0.891	0.858
	B4		0.920	0.771
技术支持 C1	C11		0.749	0.747
	C12	0.845	0.812	0.682
	C13		0.789	0.705
组织激励 C2	C21		0.709	0.654
	C22	0.797	0.737	0.626
	C23		0.722	0.640
知识共享行为 D	D1		0.836	0.797
	D2	0.886	0.845	0.771
	D3		0.832	0.802
	D4		0.865	0.637

效度指的是调查的问卷能够准确测量出所需测量事物的程度，因此效度能够反映问卷所获取数据的真实性和准确性。效度的种类很多，根据不同的分类方法可以分为内容效度、构想效度、区别效度、收敛效度、预测效度、同时效度、判别效度等等。本研究的量表共包含35条项目，主要采用 KMO 检验和 Bartlett 球形检验来判断是否适合进行探索性因子分析，检验结果如表3-5所示，量表的总体 KMO 值为0.894，并且通过了 Bartlett 球形检验，其显著性$p<0.001$，表明量表适合进行探索性因子分析。

表 3-5　KMO 和 Bartlett 检验

取样足够度的KMO度量		0.894
Bartlett的球形度检验	近似卡方	5 071.921
	df	595
	Sig.	0.000

本研究主要采用主成分分析法对问卷获取的数据进行因子分析，旋转方法为最大方差法，共提取了 10 个特征值大于 1 的因子，累计解释变异量为76%，

说明 35 个变量 76% 以上可以用这 10 个因子来解释和表达，验证了模型中存在 10 个潜变量的合理性。旋转后的成分矩阵如表 3-6 所示，其中 "--" 代表载荷小于 0.5。由表 3-6 的结果可知，成分 1 为知识特性因子，成分 2 为顾客知识共享行为因子，成分 3 为顾客忠诚度因子，成分 4 为技术支持因子，成分 5 为顾客知识共享意愿因子，成分 6 为预期收益因子，成分 7 为顾客知识共享成本因子，成分 8 为顾客知识共享能力因子，成分 9 为组织激励因子，成分 10 为信任因子，各显变量的标准化因子载荷系数均大于 0.5，说明各显变量能够很好地反映各潜变量，且没有出现交叉负载的现象，表明问卷的各变量之间的结构设计比较合理，说明问卷的结构效度较好，可以借助获取的研究数据对研究模型进行进一步的研究与验证。

表 3-6　旋转后的成分矩阵

变量	题项	成分									
		1	2	3	4	5	6	7	8	9	10
A1	A11	--	--	0.739	--	--	--	--	--	--	--
	A12	--	--	0.743	--	--	--	--	--	--	--
	A13	--	--	0.841	--	--	--	--	--	--	--
A2	A21	--	--	--	--	--	--	--	0.735	--	--
	A22	--	--	--	--	--	--	--	0.745	--	--
	A23	--	--	--	--	--	--	--	0.836	--	--
	A24	--	--	--	--	--	--	--	0.735	--	--
A3	A31	--	--	--	--	--	--	0.835	--	--	--
	A32	--	--	--	--	--	--	0.832	--	--	--
	A33	--	--	--	--	--	--	0.841	--	--	--
A4	A41	--	--	--	--	0.773	--	--	--	--	--
	A42	--	--	--	--	0.714	--	--	--	--	--
	A43	--	--	--	--	0.748	--	--	--	--	--
	A44	--	--	--	--	0.770	--	--	--	--	--
A5	A51	--	--	--	--	--	--	--	--	--	0.797
	A52	--	--	--	--	--	--	--	--	--	0.789
	A53	--	--	--	--	--	--	--	--	--	0.666
	A54	--	--	--	--	--	--	--	--	--	0.645
A6	A61	--	--	--	--	--	0.789	--	--	--	--
	A62	--	--	--	--	--	0.774	--	--	--	--
	A63	--	--	--	--	--	0.793	--	--	--	--

（续表）

变量	题项	成分									
		1	2	3	4	5	6	7	8	9	10
B	B1	0.890	--	--	--	--	--	--	--	--	--
	B2	0.824	--	--	--	--	--	--	--	--	--
	B3	0.878	--	--	--	--	--	--	--	--	--
	B4	0.846	--	--	--	--	--	--	--	--	--
C1	C11	--	--	--	0.832	--	--	--	--	--	--
	C12	--	--	--	0.736	--	--	--	--	--	--
	C13	--	--	--	0.786	--	--	--	--	--	--
C2	C21	--	--	--	--	--	--	--	--	0.688	--
	C22	--	--	--	--	--	--	--	--	0.659	--
	C23	--	--	--	--	--	--	--	--	0.740	--
D	D1	--	0.730	--	--	--	--	--	--	--	--
	D2	--	0.737	--	--	--	--	--	--	--	--
	D3	--	0.763	--	--	--	--	--	--	--	--
	D4	--	0.767	--	--	--	--	--	--	--	--

3.4.2 验证性因子分析

本研究采用 AMOS 软件进行验证性因子分析，从而对量表的效度进行进一步的检验，测量模型的卡方值为 805.029，自由度为 515，卡方与自由度的比值为 1.56，满足小于 3 的标准，其余拟合指标的值如表 3-7 所示，验证性因子分析得到的结果如表 3-8 所示。

表 3-7　验证性因子分析的拟合指标

拟合指标	拟合指标结果	建议标准
x^2/df	1.56	<3.0
比较拟合指数（CFI）	0.939	>0.90
标准拟合指数（NFI）	0.880	>0.90
递增拟合指数（IFI）	0.940	>0.90
Tucker-Lewis 指数（TLI）	0.930	>0.90
近似均方根误差（RMSEA）	0.050	<0.08

用验证性因子进行效度分析主要包括收敛效度检验和区别效度检验两部分，其中收敛效度检验的是同一潜在变量的不同条目之间的相关程度，区别效

度是用以检验各个潜变量之间的相互区别程度。收敛效度主要检验的是显变量的标准化因子载荷系数和潜在变量的平均提炼方差（AVE），一般要求显变量的标准化因子载荷系数大于 0.5，组合信度（CR）大于 0.7，并且潜变量的平均提炼方差（AVE）大于 0.5；区别效度主要检验的是潜变量的平均提炼方差（AVE）的平方根和各潜变量之间的相关系数，一般情况下，如果各个潜变量的平均提炼方差（AVE）的平方根大于该潜变量与其他潜变量之间的相关系数，则表明该量表的区别效度较好。

由表 3-8 可知各显变量的标准化因子载荷系数均大于 0.6，各潜变量的平均提炼方差（AVE）均大于 0.5 且组合信度（CR）均大于 0.7，表明收敛效度较好。同时，由各显变量的标准误差 S.E.均大于 0 表明模型不存在多重共线性问题。由表 3-9 的数据可知，各潜变量的平均提炼方差（AVE）的平方根均大于该潜变量与其他潜变量之间的相关系数，表明量表的区别效度较好。

表 3-8　验证性因子分析结果

显变量		潜变量	非标准化因子载荷系数	S.E.	p	标准化因子载荷系数	CR	AVE
A11	←	顾客忠诚度	1.000	--	--	0.869		
A12	←	顾客忠诚度	1.014	0.074	***	0.800	0.868	0.687
A13	←	顾客忠诚度	0.984	0.070	***	0.816		
A21	←	知识共享能力	1.000	--	--	0.868		
A22	←	知识共享能力	0.777	0.067	***	0.728		
A23	←	知识共享能力	0.861	0.072	***	0.751	0.8626	0.612
A24	←	知识共享能力	0.549	0.079	***	0.775		
A31	←	知识共享成本	1.219	0.100	***	0.876		
A32	←	知识共享成本	0.927	0.084	***	0.749	0.8453	0.6466
A33	←	知识共享成本	1.000	--	--	0.782		

（续表）

显变量		潜变量	非标准化因子载荷系数	S.E.	p	标准化因子载荷系数	CR	AVE
A41	←	知识共享意愿	1.013	0.066	***	0.873		
A42	←	知识共享意愿	0.943	0.070	***	0.791	0.8713	0.631
A43	←	知识共享意愿	1.000	--	--	0.837		
A44	←	知识共享意愿	0.795	0.075	***	0.660		
A51	←	信任	1.000	--	--	0.857		
A52	←	信任	1.001	0.065	***	0.872	0.8421	0.5769
A53	←	信任	0.435	0.068	***	0.629		
A54	←	信任	0.451	0.068	***	0.646		
A61	←	预期收益	1.094	0.082	***	0.863		
A62	←	预期收益	1.000	--	--	0.773	0.8761	0.7026
A63	←	预期收益	1.132	0.084	***	0.875		
B1	←	知识特性	1.116	0.062	***	0.938		
B2	←	知识特性	1.000	--	--	0.822	0.9252	0.7566
B3	←	知识特性	1.119	0.064	***	0.922		
B4	←	知识特性	0.924	0.067	***	0.788		
C11	←	技术支持	1.068	0.085	***	0.850		
C12	←	技术支持	1.000	--	--	0.768	0.8468	0.6486
C13	←	技术支持	1.030	0.087	***	0.796		
C21	←	组织激励	0.952	0.088	***	0.771		
C22	←	组织激励	1.000	--	--	0.762	0.7963	0.5659
C23	←	组织激励	0.946	0.093	***	0.723		

（续表）

显变量		潜变量	非标准化因子载荷系数	S.E.	p	标准化因子载荷系数	CR	AVE
D1	←	知识共享行为	1.000	--	--	0.887		
D2	←	知识共享行为	0.951	0.059	***	0.827	0.888	0.6674
D3	←	知识共享行为	1.067	0.060	***	0.873		
D4	←	知识共享行为	0.771	0.069	***	0.661		

表 3-9　各变量的相关矩阵

	A1	A2	A3	A4	A5	A6	C1	C2	D	B
A1	0.829	--	--	--	--	--	--	--	--	--
A2	0.570	0.782	--	--	--	--	--	--	--	--
A3	−0.413	−0.294	0.804	--	--	--	--	--	--	--
A4	0.661	0.708	−0.412	0.794	--	--	--	--	--	--
A5	0.416	0.482	−0.192	0.437	0.760	--	--	--	--	--
A6	0.372	0.418	−0.197	0.356	0.414	0.838	--	--	--	--
C1	0.281	0.432	−0.10	0.281	0.659	0.374	0.805	--	--	--
C2	0.497	0.474	−0.234	0.473	0.619	0.425	0.504	0.752	--	--
D	0.570	0.513	−0.293	0.596	0.728	0.506	0.498	0.588	0.817	--
B	0.312	0.354	−0.036	0.242	0.250	0.549	0.397	0.353	0.397	0.870

3.4.3 模型分析与假设检验

结构方程模型是一种验证性的多元统计技术，能够同时考虑并处理多个因变量并检验多维变量之间的依赖关系，容许自变量和因变量含有测量误差，并且允许更具弹性的模型设定，为理论模型的检验与修正提供了一个有效的分析工具。结构方程模型的分析流程如图 3-2 所示，主要包括模型建立和模型评估两个阶段。

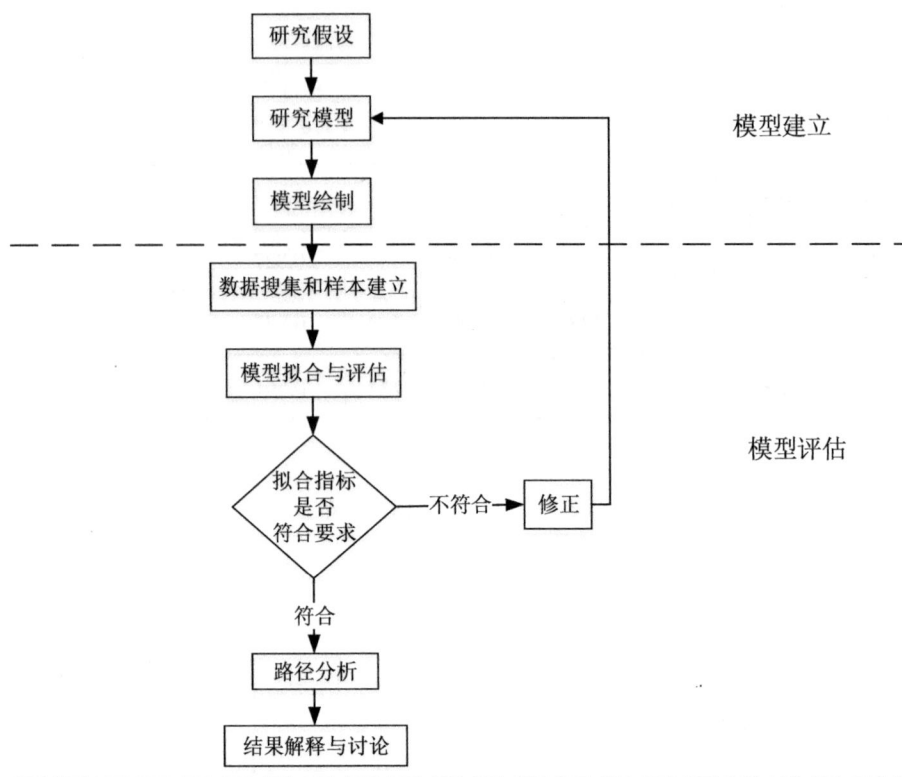

图 3-2　结构方程模型分析流程

　　模型建立阶段的第一步是研究假设，即在理论分析及前人研究成果的基础上，根据研究内容提出研究假设；第二步是研究模型，即在研究假设的基础上制定研究模型，根据研究假设形成变量间的路径图；第三步是模型绘制，即在 **AMOS** 软件中绘制出可供结构方程模型识别的研究模型，包括潜变量、显变量、误差项及模型路径的绘制。

　　模型评估阶段的第一步是数据搜集和样本建立，样本的质量会对研究结果产生较大的影响，因此必须保证样本的信度和效度等指标满足要求；第二步是模型拟合与评估，主要是对模型的各项拟合指标进行分析，若拟合指标的估计值符合要求则表示假设模型可以接受，可进行下一步的分析，若拟合指标不符合要求则表示假设模型不可接受，需要对模型进行修正；第三步是路径分析，主要是对假设路径的系数及显著性进行分析；第四步是结果解释与讨论，即根据软件的输出结果对可接受的模型进行相应的解释。

　　在对前文的研究假设和研究模型分析的基础上，运用了结构方程模型分析软件 AMOS 绘制了如图 3-3 所示的结构方程模型图：其中椭圆表示的是潜变量，即不可观测变量；矩形表示的是显变量，即可观测变量；圆形表示的是各潜变量和显变量的误差项。模型假定各误差项的路径系数为 1，且测量模型中必有一条边的路径系数为 1。

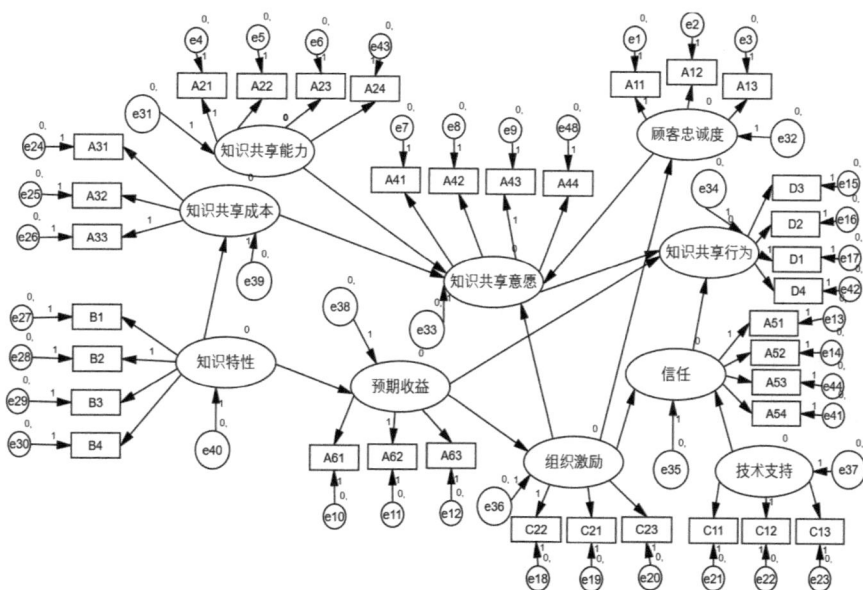

图 3-3　结构方程模型图

　　本章运用 AMOS 软件对假设模型进行结构方程模型分析，并且采用极大似然估计法来计算模型的路径系数和各项拟合指标，在文献查阅的基础上发现，常用的结构方程拟合度指标主要包括以下几种，分别为卡方检验、标准拟合指数（NFI）、比较拟合指数（CFI）、Tucker-Lewis 指数（TLI）和近似均方根误差（RMSEA），假设模型各项拟合指标的分析结果和建议标准如表 3-10 所示。

　　由表 3-10 的数据可知，各项拟合指标基本符合建议标准，表明该模型的拟合程度较好，可以进行下一步的路径分析，其中卡方检验为 1 061.765，自由度为 547，卡方与自由度的比值为 1.941，且卡方与自由度的比值越接近于 1，模型的拟合程度越高。

表 3-10 拟合指标分析结果

拟合指标	拟合指标结果	建议标准
x^2/df	1.941	<3.0
比较拟合指数（CFI）	0.922	>0.90
标准拟合指数（NFI）	0.882	>0.90
递增拟合指数（IFI）	0.927	>0.90
Tucker-Lewis 指数（TLI）	0.903	>0.90
近似均方根误差（RMSEA）	0.065	<0.08

各研究假设的验证结果如表 3-11 所示，p 值中的***代表 $p<0.001$，**代表 $p<0.01$，*代表 $p<0.05$。对于假设 H1 来说，其标准化路径系数为 0.30，且满足 $p<0.05$ 和 C.R.（临界比率）的绝对值大于 1.96 的要求，表明顾客知识共享意愿对顾客知识共享行为存在显著的正向影响，因此假设 H1 成立。对于假设 H8 来说，p 值为 0.56，不满足 $p<0.05$ 的要求，且 C.R.的绝对值为 0.59，不满足大于 1.96 的要求，即假设 H8 的路径系数不满足显著性水平的要求，因此假设 H8 不成立，即知识特性与知识共享成本之间不存在显著的关系。

表 3-11 各研究假设的验证结果

假设	假设内容	路径系数	p	C.R.	检验结果
H1	知识共享意愿→知识共享行为	0.30	***	4.78	假设成立
H2	顾客忠诚度→知识共享意愿	0.37	***	4.19	假设成立
H3	知识共享能力→知识共享意愿	0.44	***	6.28	假设成立
H4	知识共享成本→知识共享意愿	−0.20	**	−3.04	假设成立
H5	预期收益→知识共享行为	0.24	***	3.79	假设成立
H6	预期收益→组织激励	0.57	***	6.84	假设成立
H7	信任→知识共享行为	0.52	***	7.66	假设成立
H8	知识特性→知识共享成本	−0.04	0.56	−0.59	假设不成立
H9	知识特性→预期收益	0.57	***	7.69	假设成立
H10	技术支持→信任	0.56	***	7.58	假设成立
H11	组织激励→知识共享意愿	0.16	0.065	1.85	假设不成立
H12	组织激励→信任	0.48	***	6.51	假设成立
H13	组织激励→顾客忠诚度	0.60	***	7.30	假设成立

3.4.4 结果分析

图 3-4 为 AMOS 软件输出的最终的研究模型及各路径系数，各潜变量间箭头上的数字为各研究假设的标准化路径系数。

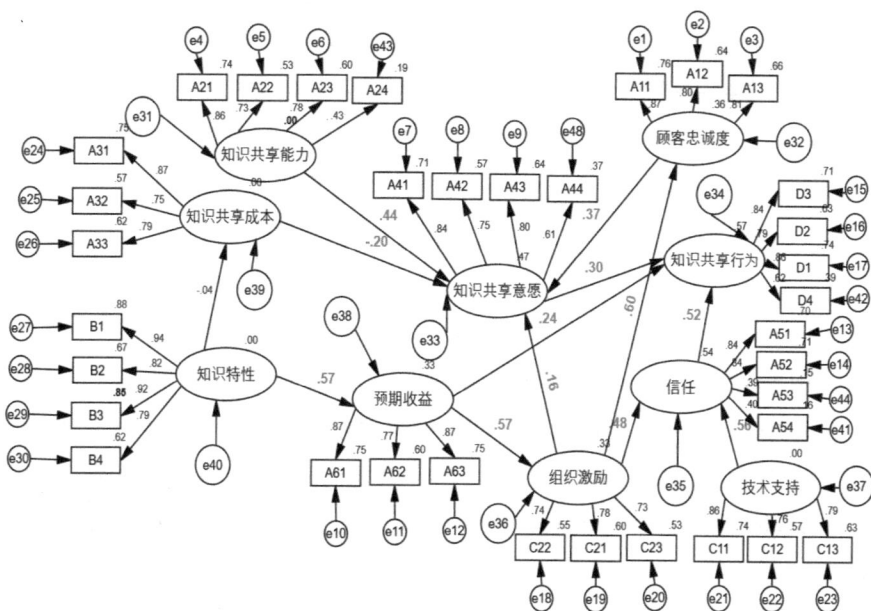

图 3-4　研究模型的路径图

根据数据的分析结果可得出以下结论：

（1）顾客知识共享成本、顾客知识共享能力、顾客忠诚度是影响顾客知识共享意愿的重要因素，其中顾客知识共享能力和顾客忠诚度会正向影响顾客知识共享意愿，而顾客知识共享成本会负向影响顾客知识共享意愿。从路径系数来看，顾客知识共享能力与顾客知识共享意愿间的路径系数最大为 0.44，其次分别为顾客忠诚度和顾客知识共享成本，表明顾客知识共享能力对顾客参与知识共享的意愿影响最大。

（2）知识特性与预期收益间存在显著的正向关系，而与顾客知识共享成本之间不存在显著的关系，且预期收益与组织激励间存在显著的正向关系，表明知识的特性只会正向影响预期收益，即知识的时效性、复杂性、稀缺性和经济性越强，顾客期望通过知识共享获得的收益越多，则对组织激励的期望越高，而知识的特性并不会对顾客知识共享的成本产生显著的影响，说明顾客共享的知识特性并不会影响顾客的共享成本。

（3）顾客知识共享意愿、预期收益、信任是影响顾客知识共享行为的重要因素，其中信任与顾客知识共享行为间的路径系数最大为 0.52，其次分别为顾客知识共享意愿和预期收益，表明信任对顾客知识共享行为的影响最大。同时，企业的技术支持和组织激励会正向影响信任，从而对顾客知识共享行为产生正向影响，即当企业为顾客提供知识共享的技术支持并制定相应的组织激励时会增强顾客对企业的信任感，从而提升顾客参与知识共享行为的概率。

（4）组织激励在知识共享过程中起着决定性作用，由研究模型路径图可知，组织激励不会对知识共享意愿产生显著的正向影响，但是组织激励对顾客忠诚度和信任都存在显著的正向影响，组织激励通过顾客忠诚度的中介效应正向影响顾客知识共享意愿，并通过信任的中介效应正向影响顾客知识共享行为，说明组织激励并不会影响顾客的知识共享意愿，而是会通过提升顾客对企业的忠诚度和信任的方式来促进顾客参与知识共享，同时，组织激励的变化会对整个知识共享过程产生较大的影响，因此，组织激励是保持知识共享行为持续发生的关键。

3.5 本章小结

本章主要从知识共享主体因素、知识共享客体因素和知识共享环境因素三个方面对顾客知识共享的影响因素进行了分析，重点分析了顾客知识共享意愿、顾客知识共享成本、顾客知识共享能力、顾客忠诚度、预期收益、信任、知识特性、技术支持和组织激励对知识共享行为的影响及各因素间的关系，在此基础上提出了 13 条研究假设。主要采用了问卷调查法对研究数据进行收集，在获得研究数据后运用 SPSS 软件对数据的信度和效度进行了分析，在此基础上采用结构方程模型分析软件 AMOS 对研究模型进行了验证，对提出的研究假设进行了验证并对研究结果进行了分析。

第4章　顾客知识共享的决策机制分析

顾客知识共享过程是一个动态的过程，顾客知识共享的决策行为也不是一次产生的，而是在不断的重复博弈中产生的。知识共享行为作为一种复杂的决策行为，受诸多因素的影响，学者们主要运用博弈论相关理论对知识共享的决策行为进行研究。

翁莉和仲伟俊（2008）以供应链企业间的知识共享为研究背景，在理论分析的基础上建立了各企业间知识共享的 Stackelberg 博弈模型，并验证了共享主体对知识的吸收和转化能力、共享风险以及在知识共享过程中付出的共享成本等因素的变化对共享行为的影响。张旭梅和黄陈宣（2013）以逆向供应链企业间的知识共享为研究对象，在此基础上构建了知识共享的博弈模型，并在模型分析的基础上探究了知识共享成本分担比例等因素的变化会对知识共享量产生何种影响。陈果等人（2015）从企业的风险态度的视角建立了企业间知识共享的动态博弈模型，并通过理论分析和算例分析的方式验证了知识共享双方的风险态度对双方的知识共享行为的影响。商淑秀和张再生（2015）从虚拟企业间知识共享的视角建立了相应的知识共享演化博弈模型，并在此模型的基础上采用仿真分析的方式验证了虚拟企业间的信任程度、企业的地位、知识的互补性和知识共享的成本因素对演化结果的影响。刘臣等人（2014）将组织成员知识集合分为互不相交、包含、交叉和重合四种类型，并对不同知识类型下的知识共享博弈行为进行分析。来尧静等人（2015）以顾客参与企业产品创新为研究背景，构建了顾客与企业的研发人员间知识共享的博弈模型，分析了企业的激励行为和监督力度等因素对双方知识共享行为的影响。

通过分析发现，虽然已经有国内外学者从不同的研究对象和研究视角对知识共享的决策行为进行了研究，但现有的对知识共享行为的研究成果大多集中于组织内部的知识共享、供应链企业间的知识共享、虚拟社区的知识共享等领域，而对顾客知识共享行为的研究成果相对较为匮乏。基于此，本章拟从知识共享和顾企互动的角度对顾客的知识共享决策行为进行探究，拟通过本章的研究构建基于演化博弈的顾客知识共享决策模型，在模型分析和系统仿真的基础上探究知识共享成本、知识储备量、知识共享收益以及收益分配系数等因素对顾客知识共享决策行为的影响机制。同时，拟通过本章的研究成果为企业知识共享的实施提供理论指导，试图通过本章的研究协助企业制定科学有效的顾客知识共享激励机制、评估机制以及利益分配机制，实现对顾客知识共享行为的量化管理，从而提升知识共享的效率，进而加速企业的创新进程。

基于此，本章采用演化博弈理论对顾客参与知识共享的决策行为进行分析，构建了顾客知识共享演化博弈模型，并分析了知识共享成本、知识共享收益、知识储备量和收益分配系数的变化对演化进程的影响。

4.1 顾客知识共享决策演化博弈模型的建立

4.1.1 顾客知识共享决策的基本假设

假设 1：系统中存在企业和顾客两类博弈群体，其中，企业群体的决策策略集为S_A{1：参与知识共享，0：不参与知识共享}；顾客群体的决策策略集为S_B{1：参与知识共享，0：不参与知识共享}。

假设 2：企业的知识储备量为K_A，顾客的知识储备量为K_B，满足$K_A, K_B > 0$。

假设 3：企业对顾客的信任系数为r_A，顾客对企业的信任系数为r_B，满足$0 < r_A, r_B < 1$，并且信任系数越大表示对对方的信任程度越高。

假设 4：企业对知识的共享能力为a_A，顾客对知识的共享能力为a_B，满足$0 < a_A, a_B < 1$，假设$K_A r_A a_A$和$K_B r_B a_B$分别为企业和顾客共享的知识量，即共享的知识量与知识储备量、信任系数和共享能力成正比。

假设 5：c_A和c_B分别为企业和顾客的知识共享成本系数，满足$0 < c_A, c_B < 1$，此处将知识共享的成本凸性纳入模型当中，并假设知识共享成本函数为$C(K) = cK^2/2$，其中c表示的是知识共享的成本系数，K表示的是共享主体在知识共享过程中所共享的知识量。

假设 6：企业对知识的吸收能力为β_A，顾客对知识的吸收能力为β_B，满足 $0<\beta_A,\beta_B<1$。

假设 7：当企业和顾客均参与知识共享时会创造额外的收益R，δ_A为企业对额外收益R的分配系数，δ_B为顾客对额外收益R的分配系数，假定知识共享所创造的额外收益由企业和顾客共享，故满足$\delta_A+\delta_B=1$。

假设 8：当企业和顾客两类群体参与知识共享时，假设 p 表示的是企业所选择的策略为参与知识共享时的概率，则 $1-p$ 表示的是企业所选择的策略为不参与知识共享时的概率，q 表示的是顾客所选择的策略为参与知识共享时的概率，则 $1-q$ 表示的是顾客所选择的策略为不参与知识共享时的概率，并假设在初始状态下企业参与知识共享的初始概率为p_0，顾客参与知识共享的初始概率为q_0。

4.1.2 顾客知识共享决策的收益矩阵

当企业群体和顾客群体都参与知识共享时，$K_A r_A \alpha_A$和$K_B r_B \alpha_B$和分别为企业群体和顾客群体共享的知识量；$K_B r_B \alpha_B \beta_B$和$K_A r_A \alpha_A \beta_B$分别为企业群体和顾客群体知识的增长量；考虑到知识共享的成本凸性，假设共享成本是知识共享量的函数$C(K)$，即$C(K)=cK^2/2$，其中c为知识共享成本系数，K为知识共享量，则企业与顾客的知识共享成本分别为$c_A(K_A r_A \alpha_A)^2/2$和$c_B(K_B r_B \alpha_B)^2/2$；当只有一方参与知识共享时，参与方将付出共享成本，而不参与方可以吸收参与方共享的知识而不需要成本，当双方均参与知识共享时会创造额外收益，当双方均不参与知识共享时，双方的收益均为零，具体的收益矩阵如表 4-1 所示：

表 4-1　收益矩阵

	企业参与知识共享	企业不参与知识共享
顾客参与知识共享	$K_B r_B \alpha_B \beta_A - c_A(K_A r_A \alpha_A)^2/2 + \delta_A R$; $K_A r_A \alpha_A \beta_B - c_B(K_B r_B \alpha_B)^2/2 + \delta_B R$	$K_B r_B \alpha_B \beta_A$; $-c_B(K_B r_B \alpha_B)^2/2$
顾客不参与知识共享	$-c_A(K_A r_A \alpha_A)^2/2$;　$K_A r_A \alpha_A \beta_B$	0；0

4.2 顾客知识共享决策演化博弈模型的分析

4.2.1 均衡点稳定性的分析

当企业选择参与知识共享时的收益：

$$U_1=q[K_Br_B\alpha_B\beta_A-c_A(K_Ar_A\alpha_A)^2/2+\delta_AR]+(1-q)[-c_A(K_Ar_A\alpha_A)^2/2]$$

$$=qK_Br_B\alpha_B\beta_A+q\delta_AR-c_A(K_Ar_A\alpha_A)^2/2 \qquad (4\text{-}1)$$

当企业选择不参与知识共享时的收益：

$$U_2=qK_Br_B\alpha_B\beta_A \qquad （4\text{-}2）$$

则企业获得的平均收益为

$$\overline{U}_A=pU_1+(1-p)U_2=qK_Br_B\alpha_B\beta_A+pq\delta_AR-pc_A(K_Ar_A\alpha_A)^2/2 \qquad （4\text{-}3）$$

企业的复制动态方程为

$$\frac{dp}{dt}=p(U_1-\overline{U}_A)=p(1-p)[q\delta_AR-c_A(K_Ar_A\alpha_A)^2/2] \qquad （4\text{-}4）$$

同理，得到顾客的复制动态方程为

$$\frac{dq}{dt}=q(1-q)(p\delta_BR-c_B(K_Br_B\alpha_B)^2/2) \qquad （4\text{-}5）$$

令 $\frac{dp}{dt}=0$，$\frac{dq}{dt}=0$ 可得到系统的五个局部均衡点，分别为 $A（0，0），B（0，1）$，$C(1,0),D(1,1)$ 和 $E(p^*，q^*)$，其中 $p^*=c_B(K_Br_B\alpha_B)^2/2\delta_BR$，$q^*=c_A(K_Ar_A\alpha_A)^2/2\delta_AR$。

根据雅可比矩阵的定义，对公式（4-4）和（4-5）分别求对 p 和对 q 的偏导，得到雅克比矩阵 $\boldsymbol{J}$：

$$\boldsymbol{J}=\begin{pmatrix}(1-2p)[q\delta_AR-c_A(K_Ar_A\alpha_A)^2/2],p(1-p)\delta_AR \\ q(1-q)\delta_BR,(1-2q)[p\delta_BR-c_B(K_Br_B\alpha_B)^2/2]\end{pmatrix} \qquad （4\text{-}6）$$

矩阵 $\boldsymbol{J}$ 的行列式 $\det \boldsymbol{J}$ 和迹 $\mathrm{tr}\,\boldsymbol{J}$ 分别为

$$\det \boldsymbol{J}=(1-2p)(1-2q)[q\delta_AR-c_A(K_Ar_A\alpha_A)^2/2]$$

$$[p\delta_BR-c_B(K_Br_B\alpha_B)^2/2]-pq(1-p)(1-q)\delta_A\delta_BR^2 \qquad （4\text{-}7）$$

$$\mathrm{tr}\,\boldsymbol{J}=(1-2p)[q\delta_AR-c_A(K_Ar_A\alpha_A)^2/2]$$

$$+(1-2q)[p\delta_BR-c_B(K_Br_B\alpha_B)^2/2] \qquad （4\text{-}8）$$

当$\det J$>0且$\mathrm{tr}\,J$<0时的均衡点为系统的演化稳定点（ESS），各均衡点的行列式$\det J$>0和迹$\mathrm{tr}\,J$<0如表4-2所示。

表4-2　各均衡点的$\det J$和$\mathrm{tr}\,J$

均衡点	$\det J$	$\mathrm{tr}\,J$
A	$c_A c_B (K_A r_A \alpha_A)^2 (K_B r_B \alpha_B)^2/4$	$-[c_A(K_A r_A \alpha_A)^2 + c_B(K_B r_B \alpha_B)^2/2]$
B	$[\delta_A R - c_A(K_A r_A \alpha_A)^2/2]c_B(K_B r_B \alpha_B)^2/2$	$\delta_A R - c_A(K_A r_A \alpha_A)^2/2 + c_B(K_B r_B \alpha_B)^2/2$
C	$c_A(K_A r_A \alpha_A)^2/2[\delta_B R - c_B(K_B r_B \alpha_B)^2/2]$	$c_A(K_A r_A \alpha_A)^2/2 + \delta_B R - c_B(K_B r_B \alpha_B)^2/2$
D	$[\delta_A R - c_A(K_A r_A \alpha_A)^2/2][\delta_B R - c_B(K_B r_B \alpha_B)^2/2]$	$-[\delta_A R - c_A(K_A r_A \alpha_A)^2/2] - [\delta_B R - c_B(K_B r_B \alpha_B)^2/2]$
E	$[1 - c_A(K_A r_A \alpha_A)^2/2\delta_A R][1 - c_B(K_B r_B \alpha_B)^2/2\delta_B R]$ $[-c_A c_B(K_A r_A \alpha_A)^2(K_B r_B \alpha_B)^2/4]$	0

情形 1：当$\delta_A R > c_A(K_A r_A \alpha_A)^2/2$且$\delta_B R > c_B(K_B r_B \alpha_B)^2/2$时，意味着企业群体和顾客群体参与知识共享获得的收益能够弥补其知识共享成本，此时各均衡点的稳定情况如表4-3所示，其中A和D为系统的演化稳定点，即系统演化的结果可能是A点即（不参与知识共享，不参与知识共享），也可能是D点即（参与知识共享，参与知识共享）。

表4-3　情形1均衡点的稳定情况

均衡点	$\det J$ 符号	$\mathrm{tr}\,J$ 符号	结果
A	+	−	ESS
B	+	+	不稳定点
C	+	+	不稳定点
D	+	−	ESS
E	−	0	鞍点

情形 2：当各参数满足条件$\delta_A R < c_A(K_A r_A \alpha_A)^2/2$，$\delta_B R < c_B(K_B r_B \alpha_B)^2/2$并且$c_A(K_A r_A \alpha_A)^2/2 < c_B(K_B r_B \alpha_B)^2/2$时，意味着企业群体和顾客群体参与知识共享获得的收益不能够弥补其知识共享成本，并且顾客群体的知识共享成本大于企业群体的知识共享成本，此时各均衡点的稳定情况如表4-4所示，此时只有A点为系统的演化稳定点，即系统演化结果为（不参与知识共享，不参与知识共享）。

表 4-4　情形 2 各均衡点的稳定情况

均衡点	det J 符号	tr J 符号	结果
A	+	−	ESS
B	−	+	不稳定点
C	−	+，−	不稳定点
D	+	+	不稳定点
E	−	0	鞍点

情形 3：当各参数满足条件 $\delta_A R < c_A (K_A r_A \alpha_A)^2/2$，$\delta_B R < c_B (K_B r_B \alpha_B)^2/2$ 并且 $c_A (K_A r_A \alpha_A)^2/2 > c_B (K_B r_B \alpha_B)^2/2$ 时，意味着企业群体和顾客群体参与知识共享获得的收益不能够弥补其知识共享成本，并且企业群体的知识共享成本大于顾客群体的知识共享成本，此时各均衡点的稳定情况如表 4-5 所示，此时只有 A 点为系统的演化稳定点，即系统演化结果为（不参与知识共享，不参与知识共享）。

表 4-5　情形 3 各均衡点的稳定情况

均衡点	det J 符号	tr J 符号	结果
A	+	−	ESS
B	−	+，−	不稳定点
C	−	+	不稳定点
D	+	+	不稳定点
E	−	0	鞍点

情形 4：当各参数满足条件 $\delta_A R > c_A (K_A r_A \alpha_A)^2/2$，$\delta_B R > c_B (K_B r_B \alpha_B)^2/2$ 并且 $c_A (K_A r_A \alpha_A)^2/2 > c_B (K_B r_B \alpha_B)^2/2$ 时，意味着企业群体参与知识共享获得的收益能够弥补其知识共享成本，而顾客群体参与知识共享获得的收益不能够弥补其知识共享成本，且企业群体的知识共享成本大于顾客群体的知识共享成本，此时各均衡点的稳定情况如表 4-6 所示，此时只有 A 点为系统的演化稳定点，即系统演化结果为（不参与知识共享，不参与知识共享）。

表 4-6　情形 4 各均衡点的稳定情况

均衡点	det J 符号	tr J 符号	结果
A	+	−	ESS
B	+	+	不稳定点
C	−	+	不稳定点
D	−	−	不稳定点
E	−	0	鞍点

情形 5：当各参数满足条件 $\delta_A R > c_A(K_A r_A \alpha_A)^2/2$，$\delta_B R < c_B(K_B r_B \alpha_B)^2/2$ 并且 $c_A(K_A r_A \alpha_A)^2/2 < c_B(K_B r_B \alpha_B)^2/2$ 时，意味着企业群体参与知识共享获得的收益能够弥补其知识共享成本，而顾客群体参与知识共享获得的收益不能够弥补其知识共享成本，且顾客群体的知识共享成本大于企业群体的知识共享成本，此时各均衡点的稳定情况如表 4-7 所示，此时只有 A 点为系统的演化稳定点，即系统演化结果为（不参与知识共享，不参与知识共享）。

表 4-7　情形 5 各均衡点的稳定情况

均衡点	det J 符号	tr J 符号	结果
A	+	−	ESS
B	+	+	不稳定点
C	−	+，−	不稳定点
D	−	−	不稳定点
E	−	0	鞍点

情形 6：当各参数满足条件 $\delta_A R < c_A(K_A r_A \alpha_A)^2/2$，$\delta_B R > c_B(K_B r_B \alpha_B)^2/2$ 并且 $c_A(K_A r_A \alpha_A)^2/2 < c_B(K_B r_B \alpha_B)^2/2$ 时，意味着企业群体参与知识共享获得的收益不能够弥补其知识共享成本，而顾客群体参与知识共享获得的收益能够弥补其知识共享成本，且顾客群体的知识共享成本大于企业群体的知识共享成本，此时各均衡点的稳定情况如表 4-8 所示，此时只有 A 点为系统的演化稳定点，即系统演化结果为（不参与知识共享，不参与知识共享）。

表 4-8　情形 6 各均衡点的稳定情况

均衡点	det J 符号	tr J 符号	结果
A	+	−	ESS
B	−	+	不稳定点
C	+	+	不稳定点
D	−	+	不稳定点
E		0	鞍点

情形 7：当各参数满足条件 $\delta_A R < c_A(K_A r_A \alpha_A)^2/2$，$\delta_B R > c_B(K_B r_B \alpha_B)^2/2$ 并且 $c_A(K_A r_A \alpha_A)^2/2 > c_B(K_B r_B \alpha_B)^2/2$ 时，意味着企业群体参与知识共享获得的收益不能够弥补其知识共享成本，而顾客群体参与知识共享获得的收益能够弥补其知识共享成本，且企业群体的知识共享成本大于顾客群体的知识共享成本，此时各均衡点的稳定情况如表 4-9 所示，此时只有 A 点为系统的演化稳定点，即系统演化结果为（不参与知识共享，不参与知识共享）。

表 4-9　情形 7 各均衡点的稳定情况

均衡点	det J 符号	tr J 符号	结果
A	+	−	ESS
B		+，−	不稳定点
C	+	+	不稳定点
D	−	+	不稳定点
E		0	鞍点

综上所述，为了确保顾客与企业间知识共享行为的发生，各参数必须满足两个条件：$\delta_A R > c_A(K_A r_A \alpha_A)^2/2$ 且 $\delta_B R > c_B(K_B r_B \alpha_B)^2/2$，即情形 1，后续的研究将以情形 1 为背景进行分析。

4.2.2 演化相图分析

演化相图如图 4-1 所示，其中点 E_1（p^*，q^*）为鞍点，当初始点落在 $BACE_1B$ 区域时，系统将向 A（0，0）收敛，即企业与顾客均不参与知识共享；当初始点落在 BE_1CDB 区域内，则系统将向 D（1，1）收敛，即企业与顾客均参与知识共享。

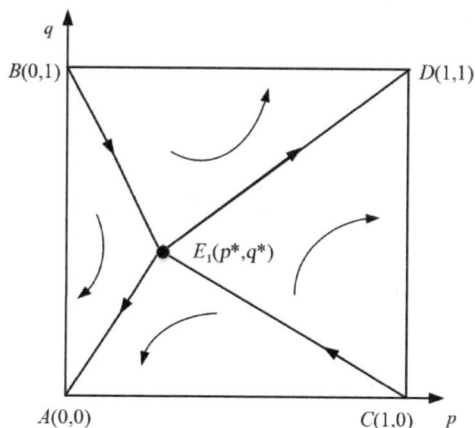

图 4-1　演化相图

4.3 各因素对知识共享演化进程的影响

为了研究各参数的变化对知识共享演化进程的影响，本章运用 MATLAB 软件对顾客知识共享决策模型进行仿真分析，由前文的分析结果可知参数的赋值必须满足$\delta_A R > c_A (K_A r_A \alpha_A)^2 / 2$且$\delta_B R > c_B (K_B r_B \alpha_B)^2 / 2$。假设模型中的参数赋值为知识共享创造的额外预期收益$R = 2$；企业员工与顾客群体的知识储备量$K_A = K_B = 10$；企业员工和顾客的知识共享成本系数$c_A = c_B = 0.2$；假设企业与顾客间并非绝对信任，而是相对信任且信任程度为中等，即企业员工和顾客的信任系数$r_A = r_B = 0.5$；假设知识共享能力与信任系数成正比，即企业员工和顾客的知识共享能力$\alpha_A = \alpha_B = 0.5$；假设知识共享创造的额外收益由企业和顾客平分，即企业员工和顾客群体的利益分配系数$\delta_A = \delta_B = 0.5$。仿真结果如图 4-2 所示，其中图 a）中企业参与知识共享的初始概率$p_0 = 0.3$，图 b）中企业参与知识共享的初始概率$p_0 = 0.7$。

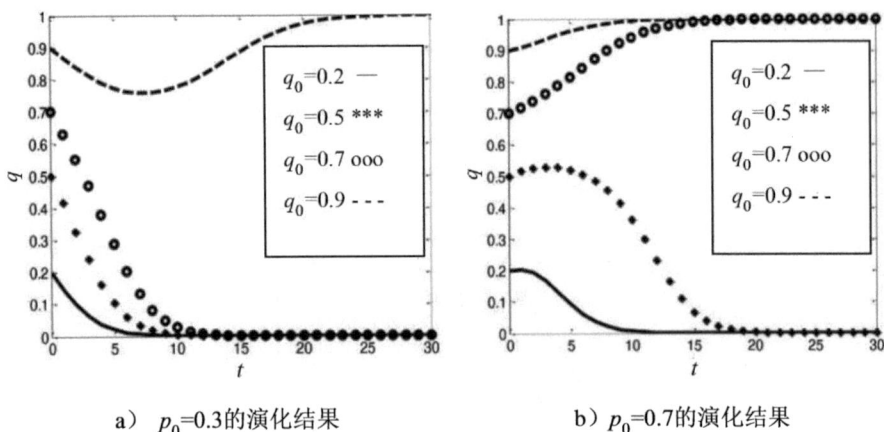

a）$p_0=0.3$的演化结果　　　　　　b）$p_0=0.7$的演化结果

图 4-2　初始仿真结果

由图 4-2 的仿真数据可以看出：①当企业参与知识共享的初始概率较低时（当$p_0=0.3$时），只有当顾客参与知识共享的初始概率$q_0=0.9$时才会促使知识共享行为的发生，系统收敛于（参与知识共享，参与知识共享），并且q_0越接近于均衡态则收敛速度越快；②当企业参与知识共享的初始概率较低时（当$p_0=0.3$时），且当顾客参与知识共享的初始概率$q_0=0.2$、$q_0=0.5$和$q_0=0.7$时知识共享行为不会发生，系统收敛于（不参与知识共享，不参与知识共享），并且q_0越接近于均衡态则收敛速度越快；③当企业参与知识共享的初始概率较高时（当$p_0=0.7$时），顾客参与知识共享的初始概率$q_0=0.9$时会促使知识共享行为的发生，系统收敛于（参与知识共享，参与知识共享），且收敛速度加快；④当企业参与知识共享的初始概率较高时（当$p_0=0.7$时），顾客参与知识共享的初始概率$q_0=0.7$时的演化轨迹发生了变化，演化结果由（不参与知识共享，不参与知识共享）转化为（参与知识共享，参与知识共享）；⑤当企业参与知识共享的初始概率较高时（当$p_0=0.7$时），且当顾客参与知识共享的初始概率$q_0=0.2$和$q_0=0.5$时知识共享行为不会发生，系统收敛于（不参与知识共享，不参与知识共享），且收敛速度减慢。

4.3.1　知识共享成本对演化进程的影响

假设模型中的参数赋值为知识共享创造的额外预期收益$R=2$，企业员工与顾客群体的知识储备量$K_A=K_B=10$，企业员工和顾客的信任系数$r_A=r_B=0.5$，企业员工和顾客的知识共享能力$\alpha_A=\alpha_B=0.5$，企业员工和顾客群体的利益分配系数$\delta_A=\delta_B=0.5$。假设企业员工和顾客的知识共享成本系数由0.2提升至0.25，即$c_A=c_B=0.25$，仿真结果如图4-3所示，其中图a）中企业参与知识共享的初始概率$p_0=0.3$ ，图b）中企业参与知识共享的初始概率$p_0=0.7$，图中的粗线为$c_A=c_B=0.25$的仿真结果，细线为$c_A=c_B=0.22$ 的仿真结果。

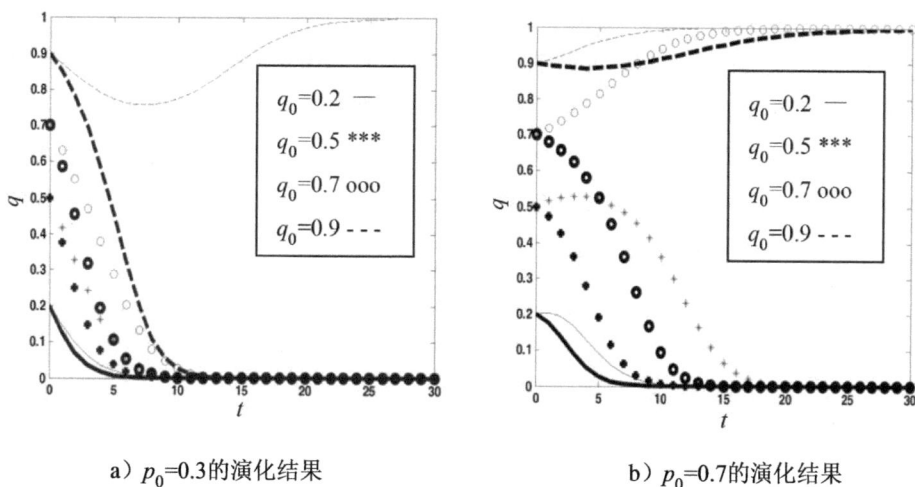

a）$p_0=0.3$的演化结果　　　　　b）$p_0=0.7$的演化结果

图 4-3　知识共享成本对演化进程的影响

通过对图4-3的仿真数据进行分析发现：①当企业参与知识共享的初始概率较低时（当$p_0=0.3$时），知识共享成本的增加使得$q_0=0.9$的演化轨迹发生了变化，系统由收敛于（参与知识共享，参与知识共享）转变为收敛于（不参与知识共享，不参与知识共享），说明当企业参与知识共享的初始概率较低且共享成本增加时，即使顾客参与知识共享的初始概率较高，知识共享行为也将无法发生；②当企业参与知识共享的初始概率较高时（当$p_0=0.7$时），知识共享成本的增加使得$q_0=0.7$的演化轨迹发生了变化，演化结果由（参与知识共享，参与知识共享）转变为（不参与知识共享，不参与知识共享），只有当$q_0=0.9$时知识共享行为才会发生，说明当企业参与知识共享的初始概率较高且知识共享成本增加时，只有当顾客参与知识共享的初始概率较高时知识共享行为才会发生；③知识共享成本的增加加快了系统收敛于（不参与知识共享，不参与知识共享）的速度，延缓了系统收敛于（参与知识共享，参与知识共享）的速度，说明知识共享成本的增加降低了顾客参与知识共享的意愿并且延缓了知识共享的进程。

4.3.2 知识共享预期收益对演化进程的影响

假设模型中的参数赋值为企业员工与顾客群体的知识储备量$K_A=K_B=10$，企业员工和顾客的知识共享成本系数$c_A=c_B=0.2$，企业员工和顾客的信任系数$r_A=r_B=0.5$，企业员工和顾客的知识共享能力$\alpha_A=\alpha_B=0.5$，企业员工和顾客群体的利益分配系数$\delta_A=\delta_B=0.5$。假设知识共享创造的额外收益由 2 提升至 3，即$R=3$，仿真结果如图 4-4 所示，其中图 a）中企业参与知识共享的初始概率$p_0=0.3$，图 b）中企业参与知识共享的初始概率$p_0=0.7$，图中的粗线为$R=3$时的仿真结果，细线为$R=2$时的仿真结果。

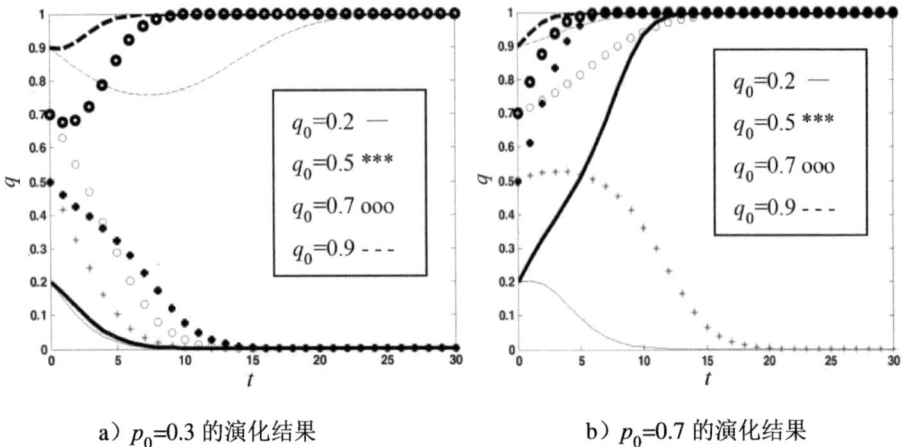

a）$p_0=0.3$ 的演化结果　　　　　b）$p_0=0.7$ 的演化结果

图 4-4　知识共享预期收益对演化进程的影响

通过对图 4-4 的仿真数据进行分析发现：①当企业参与知识共享的初始概率较低时（当$p_0=0.3$时），知识共享预期收益的增加使得$q_0=0.7$的演化轨迹发生了改变，演化结果由（不参与知识共享，不参与知识共享）转变为（参与知识共享，参与知识共享），即当$q_0=0.7$和$q_0=0.9$时都会促使知识共享行为的发生；②当企业参与知识共享的初始概率较高时（当$p_0=0.7$时），知识共享预期收益的增加使得$q_0=0.2$和$q_0=0.5$的演化轨迹发生了变化，演化结果由（不参与知识共享，不参与知识共享）转变为（参与知识共享，参与知识共享），说明知识共享预期收益的增加使得初始参与概率较低的顾客也能够参与知识共享；③知识共享预期收益的增加加快了系统收敛于（参与知识共享，参与知识共享）的速度，延缓了系统收敛于（不参与知识共享，不参与知识共享）的速度，说明知识共享预期收益的增加能够增强顾客参与知识共享的意愿并且加快了知识共享的进程。

4.3.3　知识储备量对演化进程的影响

假设模型中的参数赋值为知识共享创造的额外预期收益$R=2$，企业员工的知识储备量$K_A=10$，企业员工和顾客的知识共享成本系数$c_A=c_B=0.2$，企业员工和顾客的信任系数$r_A=r_B=0.5$，企业员工和顾客的知识共享能力$\alpha_A=\alpha_B=0.5$，企业员工和顾客群体的利益分配系数$\delta_A=\delta_B=0.5$。假设顾客群体的知识储备量由10提升至12，即$K_B=12$，仿真结果如图 4-5 所示，其中图 a）中企业参与知识共享的初始概率$p_0=0.3$，图 b）中企业参与知识共享的初始概率$p_0=0.7$，图中的粗线为$K_A=10$，$K_B=12$的仿真结果，细线为$K_A=K_B=10$的仿真结果。

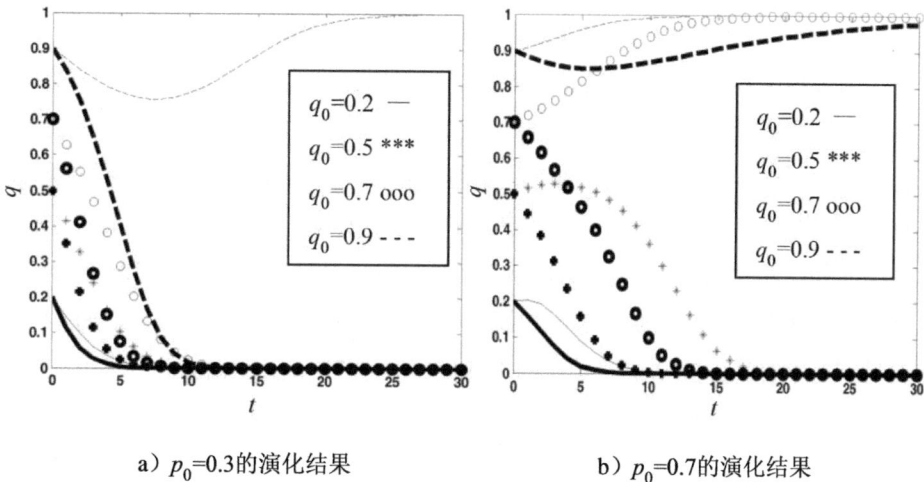

a）$p_0=0.3$的演化结果　　　b）$p_0=0.7$的演化结果

图 4-5　知识储备量对演化进程的影响且$K_A<K_B$时

假设模型中的参数赋值为知识共享创造的额外预期收益$R=2$，顾客群体的知识储备量$K_B=10$，企业员工和顾客的知识共享成本系数$c_A=c_B=0.2$，企业员工和顾客的信任系数$r_A=r_B=0.5$，企业员工和顾客的知识共享能力$\alpha_A=\alpha_B=0.5$，企业员工和顾客群体的利益分配系数$\delta_A=\delta_B=0.5$，假设企业员工的知识储备量由10提升至12，即$K_A=12$，仿真结果如图4-6所示，其中图a）中企业参与知识共享的初始概率$p_0=0.3$，图b）中企业参与知识共享的初始概率$p_0=0.7$，图中的粗线为$K_A=12$，$K_B=10$的仿真结果，细线为$K_A=K_B=10$的仿真结果。

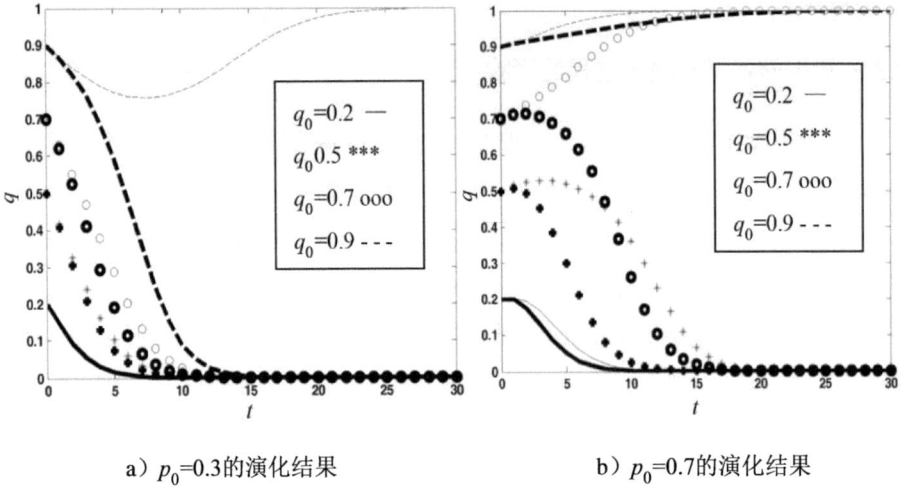

a）$p_0=0.3$的演化结果　　　　　　　b）$p_0=0.7$的演化结果

图4-6　知识储备量对演化进程的影响且$K_A>K_B$时

通过将图4-5和图4-6的仿真数据进行对比分析发现：①当企业参与知识共享的初始概率较低时（当$p_0=0.3$时），企业员工与顾客群体的知识储备量的差异使得$q_0=0.9$的演化轨迹发生了变化，系统由收敛于（参与知识共享，参与知识共享）转变为收敛于（不参与知识共享，不参与知识共享），说明当企业参与知识共享的初始概率较低且企业员工与顾客群体的知识储备量存在差异时，知识共享行为无法发生；②当企业参与知识共享的初始概率较高时（当$p_0=0.7$时），企业员工与顾客群体的知识储备量的差异使得$q_0=0.7$的演化轨迹发生了变化，演化结果由（参与知识共享，参与知识共享）转变为（不参与知识共享，不参与知识共享），只有当$q_0=0.9$时知识共享行为才会发生，说明当企业参与知识共享的初始概率较高且企业员工与顾客群体的知识储备量存在差异时，只有当顾客参与知识共享的初始概率较高时知识共享行为才会发生；③企业员工与顾客群体的知识储备量的差异延缓了系统收敛于（参与知识共享，参与知识共享）的速度，并且当企业员工知识储备量大于顾客群体知识储备量时系统收敛于（参与知识共享，参与知识共享）的速度大于当顾客群体知识储备量大于企业员工知识储备量时系统收敛于（参与知识共享，参与知识共享）的速度，说明当企业员工与顾客群体的知识储备量存在差异时会降低顾客参与知识共享的意愿，并且当企业员工的知识储备量较大时更有利于知识共享行为的发生。

4.3.4 收益分配系数对演化进程的影响

假设模型中的参数赋值为知识共享创造的额外预期收益$R=2$，企业员工与顾客群体的知识储备量$K_A=K_B=10$，企业员工和顾客的知识共享成本系数$c_A=c_B=0.2$，企业员工和顾客的信任系数$r_A=r_B=0.5$，企业员工和顾客的知识共享能力$\alpha_A=\alpha_B=0.5$。假设企业群体的收益分配系数小于顾客群体的收益分配系数，即当$\delta_A<\delta_B$时，假定企业员工的利益分配系数$\delta_A=0.4$，顾客群体的收益分配系数$\delta_B=0.6$，仿真结果如图 4-7 所示，其中图 a）中企业参与知识共享的初始概率$p_0=0.3$，图 b）中企业参与知识共享的初始概率$p_0=0.7$，图中的粗线为$\delta_A=0.4$，$\delta_B=0.6$的仿真结果，细线为$\delta_A=\delta_B=0.5$的仿真结果。

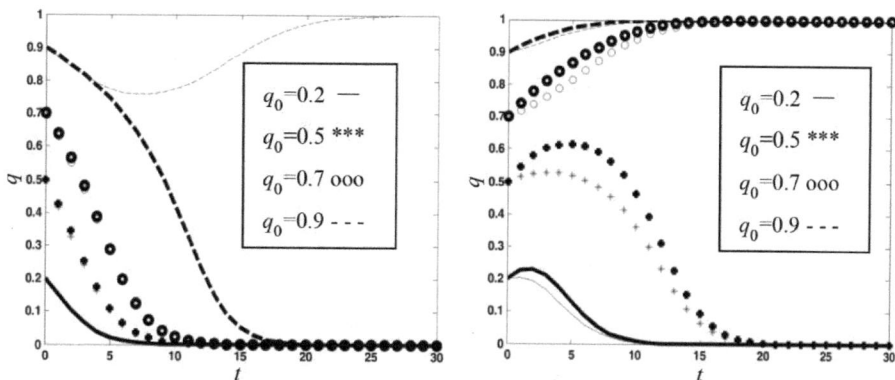

a）$p_0=0.3$的演化结果   b）$p_0=0.7$的演化结果

图 4-7 收益分配系数对演化进程的影响且$\delta_A<\delta_B$时

通过对图 4-7 的仿真数据进行分析发现：①当企业参与知识共享的初始概率较低时（当$p_0=0.3$时），收益分配系数由$\delta_A=\delta_B$变为$\delta_A<\delta_B$使得$q_0=0.9$的演化轨迹发生了变化，系统由收敛于（参与知识共享，参与知识共享）转变为收敛于

（不参与知识共享，不参与知识共享），使得知识共享行为无法发生，说明当企业参与知识共享的初始概率较低时，为顾客制定较高的收益分配系数将使得知识共享行为无法发生；②当企业参与知识共享的初始概率较高时（当$p_0=0.7$时），收益分配系数由$\delta_A=\delta_B$变为$\delta_A<\delta_B$使得系统收敛于（参与知识共享，参与知识共享）速度加快，并延缓了系统收敛于（不参与知识共享，不参与知识共享）的进程，说明当企业参与知识共享的概率较高时，为顾客制定较高的收益分配系数能够加速知识共享的进程。

假设模型中的参数赋值为知识共享创造的额外预期收益$R=2$，企业员工与顾客群体的知识储备量$K_A=K_B=10$，企业员工和顾客的知识共享成本系数$c_A=c_B=0.2$，企业员工和顾客的信任系数$r_A=r_B=0.5$，企业员工和顾客的知识共享能力$\alpha_A=\alpha_B=0.5$。假设企业群体的收益分配系数大于顾客群体的收益分配系数，即当$\delta_A>\delta_B$时，假定企业员工的利益分配系数$\delta_A=0.6$，顾客群体的利益分配系数$\delta_B=0.4$，仿真结果如图 4-8 所示，其中图 a）中企业参与知识共享的初始概率$p_0=0.3$，图 b）中企业参与知识共享的初始概率$p_0=0.7$，图中的粗线为$\delta_A=0.6$，$\delta_B=0.4$的仿真结果，细线为$\delta_A=\delta_B=0.5$的仿真结果。

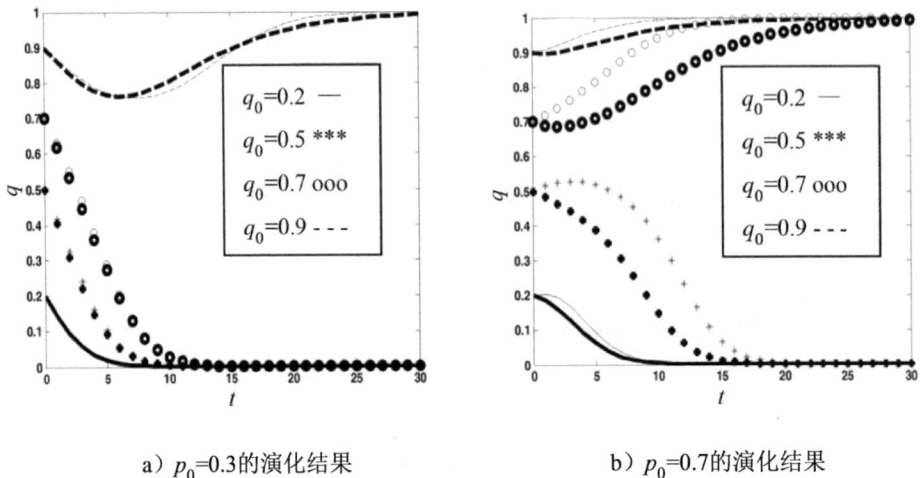

a）$p_0=0.3$的演化结果　　　　b）$p_0=0.7$的演化结果

图4-8　收益分配系数对演化进程的影响且$\delta_A>\delta_B$时

通过对图 4-8 的仿真数据进行分析发现：①当企业参与知识共享的初始概率较低时（当$p_0=0.3$时），收益分配系数由$\delta_A=\delta_B$变为$\delta_A>\delta_B$延缓了系统收敛于

（参与知识共享，参与知识共享）的进程，说明当企业参与知识共享的初始概率较低时，为企业制定较高的收益分配系数将延缓知识共享进程；②当企业参与知识共享的初始概率较高时（当p_0=0.7时），收益分配系数由$\delta_A=\delta_B$变为$\delta_A>\delta_B$使得系统收敛于（不参与知识共享，不参与知识共享）速度加快，并延缓了系统收敛于（参与知识共享，参与知识共享）的进程，说明当企业参与知识共享的初始概率较高时，为企业制定较高的收益分配系数将延缓知识共享进程。

通过将图 4-7 和图 4-8 的仿真数据进行对比分析发现：①当企业参与知识共享的初始概率较低时（当p_0=0.3时），收益分配为$\delta_A>\delta_B$时更有利于知识共享行为的发生，即当企业参与知识共享的初始概率较低时，为企业制定较高的收益分配系数将更有利于知识共享行为的发生；②当企业参与知识共享的初始概率较高时（当p_0=0.7时），收益分配为$\delta_A<\delta_B$时更能加速知识共享的进程，说明当企业参与知识共享的初始概率较高时，为顾客制定较高的收益分配系数更能够加速知识共享的进程。

4.4 本章小结

本章建立了顾客知识共享决策的演化博弈模型，分类讨论了 7 种情形下的均衡点稳定性，并运用 MATLAB 软件对顾客知识共享的决策模型进行了仿真分析，重点研究了知识共享成本、知识共享预期收益、知识储备量和收益分配系数的变化对知识共享演化进程的影响。

第5章　顾客知识共享的运行机制分析

近年来，国内外学者主要采用将知识网络与复杂网络相结合的方式对知识共享模型进行研究，然而由于知识网络中节点和关联的异质性使得传统的网络不再适用于对知识网络的分析，超网络的发展为知识网络的建模与分析提供了一个新方法。超网络为"高于现存网络并超出现存网络的网络"，同时，超网络是以节点为网络的网络，由网络嵌套网络，因此超网络具有多层性、多重性和嵌套性等特性，可以用来描述各种网络之间的相互关系，既能够描述同构网络间的多重关系，又能够揭示异构网络间的交互关系。

已有学者从超网络的视角对价值共创模式下的知识创新网络进行了探究，张海涛（2021）构建了用户知识协同交互过程模型，从知识协同共生过程和知识协同合作过程对用户知识协同交互过程进行了详细描述，在此基础上构建了用户知识协同交互网络，并结合案例研究及可视化分析探索用户间知识协同创新的演化过程。董睿等人（2022）以复杂网络为视角构建用户知识协同创新模型，结合"花粉俱乐部"社区实例数据，利用网络可视化、文本挖掘软件对开放式创新社区知识创新过程进行动态分析，以用户交互网络、知识共现网络和用户知识协同进化网络三个子网络为研究对象，探索用户知识协同创新网络演化规律。宁德鹏等人（2020）应用知识进化的视角，融合知识遗传及知识变异的作用机制，阐述了知识进化的网络演变连接机理及结构特征，并以"花粉俱乐部"社区为案例构建知识进化的网络图谱，剖析开放式创新社区知识本身的创新演化规律。吴增源（2021）研究"用户主导"与"企业引导、用户主导"两类虚拟社区多主体知识交互的过程，进而揭示开放式创新社区集体智慧涌现的机理，证实了尽管用户群体是开放式创新社区集体智慧涌现的重要来源，但如果缺乏企业的知识注入与引导，"用户主导"的社区无法产生高质量的创新成果，难以提升企业创新效益。

　　基于以上分析，本章构建了包含知识子网络、顾客子网络和企业组织子网络的顾客知识共享的超网络模型，试图在对顾客知识共享过程研究的基础上揭示顾客知识共享的内在运行机制，并分析参与知识共享的顾客数量、知识共享能力、知识创新能力和顾客忠诚度对企业知识创新进程的影响。

5.1　顾客知识共享超网络模型的构建

　　本章构建的顾客知识共享超网络模型是由知识元网络和知识主体网络构成的复合网络，包含了知识子网络、顾客子网络和企业组织子网络三部分，该模型存在三种类型的节点和六种类型的边，描述了知识节点、顾客节点、企业员工节点三种异质节点间的关联及各同质节点间的联系，如图 5-1 所示，其中实线表示同质节点间的关系，虚线表示异质节点间的关系。

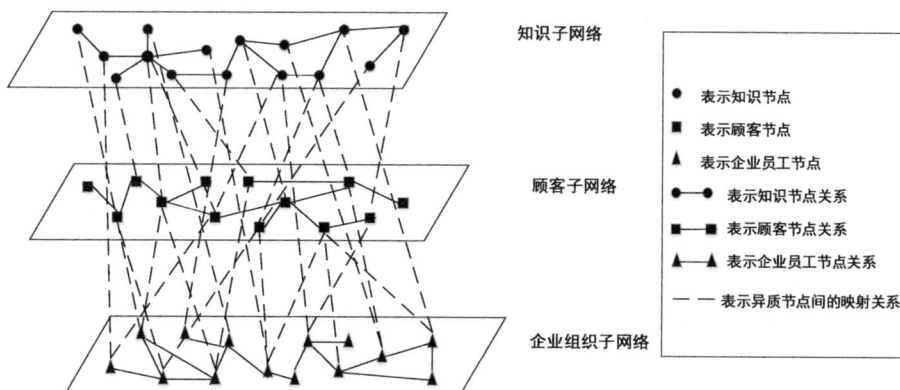

图 5-1　顾客知识共享超网络模型

　　图 5-1 中的顾客知识共享超网络表示为 $G=(V,E,W)$。其中，V 是超网络中节点的集合，包含三种类型的节点，$V=\{K,C,S\}$，K 表示知识节点的集合，即图 5-1 中的圆形节点，C 表示参与知识共享的顾客节点的集合，即图 5-1 中的矩形节点，S 表示参与知识共享的企业组织中员工节点集合，即图 5-1 中的三角形节点。$E=\{E_{K\text{-}K}, E_{C\text{-}C}, E_{S\text{-}S}, E_{C\text{-}K}, E_{S\text{-}K}, E_{C\text{-}S}\}$ 为超网络中边的集合，包含六种类型的边，其中 $E_{K\text{-}K}$ 为知识子网络中的边，即知识节点间的关联，$E_{C\text{-}C}$ 为顾客子网络中的边，即顾客节点间的关联，$E_{S\text{-}S}$ 为企业组织子网络中的边，

即企业员工节点间的关联，E_{C-K}为知识节点与顾客节点间的映射，E_{S-K}为知识节点与企业组织节点间的映射，E_{C-S}为顾客节点与企业组织节点间的映射，其中的 W 表示顾客知识共享超网络模型中各超边权重的集合，且 $W=\{\omega(E_{K-K}),\omega(E_{C-C}),\omega(E_{S-S}),\omega(E_{C-K}),\omega(E_{S-K}),\omega(E_{C-S})\}$。

1.知识子网络

知识子网络表示为 $G_K=(K,Q(K),E_{K-K},\omega(E_{K-K}))$，其中 $K=\{k_1,k_2,\cdots,k_n\}$ 为知识子网络中的知识节点的集合；$Q(K)=\{Q(k_1),Q(k_2),\cdots,Q(k_n)\}$ 为知识子网络中知识节点的知识存储量的集合，并且满足 $0\leqslant Q(k_i)\leqslant M$，其中 M 为常数；E_{K-K} 为知识子网络中的边，即知识节点间的关联；$\omega(E_{K-K})$ 为知识网络中边的权重，并且：

$$E_{K-K}=\{(k_i,k_j)\} \qquad i,j=1,2,\cdots,n \qquad (5\text{-}1)$$

$$(k_i,k_j)=\begin{cases}0,\text{知识}k_i\text{与}k_j\text{不存在关联}\\1,\text{知识}k_i\text{与}k_j\text{存在关联}\end{cases} \qquad (5\text{-}2)$$

$$\omega(E_{K-K})=\omega(k_i,k_j)=\begin{cases}\alpha_{ij},(k_i,k_j)=1\text{ 且 }0<\alpha_{ij}\leqslant 1\\0,(k_i,k_j)=0\end{cases} \qquad (5\text{-}3)$$

其中，$Q(k_i)$ 越大表明知识节点 k_i 存储的知识量越大，α_{ij} 越大表明知识 k_i 与 k_j 的关联程度越大。

2.顾客子网络

顾客子网络表示为 $G_c=(C,L(C),E_{C-C},\omega(E_{C-C}))$，其中 $C=\{c_1,c_2,\cdots,c_m\}$ 为网络中的顾客节点集合，$L(C)=\{L(c_1),L(c_2),\cdots,L(c_m)\}$ 为网络中顾客节点的忠诚度的集合，且 $0\leqslant L(c_i)\leqslant 1$，$E_{C-C}$ 为顾客子网络中的边，即顾客节点间的关联，$\omega(E_{C-C})$ 为顾客子网络中边的权重，并且：

$$E_{C-C}=\{(c_i,c_j)\} \qquad i,j=1,2,\cdots,m \qquad (5\text{-}4)$$

$$(c_i,c_j)=\begin{cases}0,\text{顾客}k_i\text{与}k_j\text{不存在互动关系}\\1,\text{顾客}k_i\text{与}k_j\text{存在互动关系}\end{cases} \qquad (5\text{-}5)$$

$$\omega(E_{C-C})=\omega(c_i,c_j)=\begin{cases}\beta_{ij},(c_i,c_j)=1\text{ 且 }0<\beta_{ij}\leqslant 1\\0,(c_i,c_j)=0\end{cases} \qquad (5\text{-}6)$$

其中，$L(c_i)$ 越大表明顾客 c_i 的忠诚度越高，β_{ij} 越大表明顾客 c_i 与 c_j 的互动程度越大。

3.企业组织子网络

企业组织子网络表示为$G_s=(S,E_{S\text{-}S},\omega(E_{S\text{-}S}))$，其中$S=\{s_1,s_2,\cdots,s_t\}$为企业组织子网络中的企业员工节点集合，$E_{S\text{-}S}$为企业组织子网络中的边，$\omega(E_{S\text{-}S})$为企业组织子网络中边的权重，并且：

$$E_{S\text{-}S}=\{(s_i,s_j)\} \qquad i,j=1,2,\cdots,t \qquad (5\text{-}7)$$

$$(s_i,s_j)=\begin{cases}0,\text{企业员工}s_i\text{与}s_j\text{不存在互动关系}\\1,\text{企业员工}s_i\text{与}s_j\text{存在互动关系}\end{cases} \qquad (5\text{-}8)$$

$$\omega(E_{S\text{-}S})=\omega(s_i,s_j)=\begin{cases}\gamma_{ij},(s_i,s_j)=1\ \text{且}\ 0<\gamma_{ij}\leqslant 1\\0,(s_i,s_j)=0\end{cases} \qquad (5\text{-}9)$$

其中，γ_{ij}越大表明企业员工s_i与s_j的互动程度越大。

4.网络间的关系

顾客子网络与知识子网络的关系集合为$E_{C\text{-}K}$，关系权重为$\omega(E_{C\text{-}K})$，并且：

$$E_{C\text{-}K}=\{(c_i,k_j)\} \qquad i=1,2,\cdots,m;j=1,2,\cdots,n \qquad (5\text{-}10)$$

$$(c_i,k_j)=\begin{cases}0,\text{顾客}c_i\text{与知识}k_j\text{不存在映射关系}\\1,\text{顾客}c_i\text{与知识}k_j\text{存在映射关系}\end{cases} \qquad (5\text{-}11)$$

$$\omega(E_{C\text{-}K})=\omega(c_i,k_j)=\begin{cases}\theta_{ij},(c_i,k_j)=1\ \text{且}\ 0<\theta_{ij}\leqslant 1\\0,(c_i,k_j)=0\end{cases} \qquad (5\text{-}12)$$

顾客子网络与知识子网络存在两种映射关系：一种是顾客到知识的映射，反映了顾客掌握了哪些知识；另一种是知识到顾客的映射，反映了知识由哪些顾客掌握。其中θ_{ij}越大表明顾客c_i与知识k_j的关联程度越大。

企业组织子网络与知识子网络的关系集合为$E_{S\text{-}K}$，关系权重为$\omega(E_{S\text{-}K})$，并且：

$$E_{S\text{-}K}=\{(s_i,k_j)\} \qquad i=1,2,\cdots,t;j=1,2,\cdots,n \qquad (5\text{-}13)$$

$$(s_i,k_j)=\begin{cases}0,\text{企业员工}s_i\text{与知识}k_j\text{不存在映射关系}\\1,\text{企业员工}s_i\text{与知识}k_j\text{存在映射关系}\end{cases} \qquad (5\text{-}14)$$

$$\omega(E_{S-K})=\omega(s_i,k_j)=\begin{cases} \mu_{ij},(s_i,k_j)=1 \text{ 且 } 0<\mu_{ij}\leqslant 1 \\ 0,(s_i,k_j)=0 \end{cases} \quad (5\text{-}15)$$

企业组织子网络与知识子网络存在两种映射关系：一种是企业员工到知识的映射，反映了企业员工掌握了哪些知识；另一种是知识到企业员工的映射，反映了知识由哪些员工掌握。其中μ_{ij}越大表明企业员工s_i与知识k_j的关联程度越大。

顾客子网络与企业组织子网络的关系集合为E_{C-S}，关系权重为$\omega(E_{C-S})$，并且：

$$E_{C-S}=\{(c_i,s_j)\} \qquad i=1,2,\cdots,m;j=1,2,\cdots,t \quad (5\text{-}16)$$

$$(c_i,s_j)=\begin{cases} 0,顾客\ c_i 与企业员工s_j不存在映射关系 \\ 1,顾客c_i 与企业员工s_j存在映射关系 \end{cases} \quad (5\text{-}17)$$

$$\omega(E_{C-S})=\omega(c_i,s_j)=\begin{cases} \varphi_{ij},(c_i,s_j)=1 \text{ 且 } 0<\varphi_{ij}\leqslant 1 \\ 0,(c_i,s_j)=0 \end{cases} \quad (5\text{-}18)$$

顾客网络与企业组织子网络存在两种映射关系：一种是顾客到企业员工的映射，反映了顾客与企业的哪些员工存在互动关系；另一种是企业员工到顾客的映射，反映了企业员工与哪些顾客存在互动关系。其中φ_{ij}越大表明顾客c_i与企业员工s_j的互动程度越大。

5.2 顾客知识共享过程模型的构建

本章主要从准备阶段、实施阶段、整合阶段、创新阶段和维护阶段对顾客参与知识共享的过程进行分析，如图 5-2 所示。

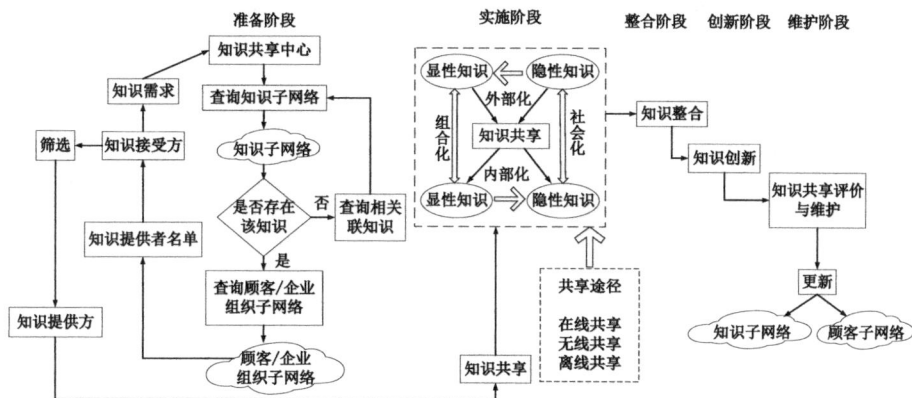

图 5-2 顾客参与知识共享过程模型

1.知识共享准备阶段

准备阶段主要为实施知识共享之前的各项准备活动：①网络建模，需要对顾客知识的来源及分类进行分析，在对知识元和知识主体分析的基础上建立知识共享的超网络模型。②知识共享请求，知识接受方会向知识共享中心发送知识共享请求。③知识查询，知识共享中心会在知识子网络查询是否存在该知识节点，若存在则会继续查询知识主体网络，将掌握该知识的主体名单反馈给知识需求方；若不存在该知识点，则会查询与该知识点关联度较高的可替代知识点，并继续查询知识主体网络，将掌握该可替代知识的主体名单反馈给知识需求方。④筛选知识提供方，知识接受者在收到知识提供者名单后，选取知识共享的提供方，并向其发出知识共享的请求。

2.知识共享实施阶段

当知识提供方同意知识接受方的知识共享请求时，意味着知识共享过程的开始，知识共享主体主要通过在线、无线和离线三种方式参与知识的共享，在线方式主要通过微博、论坛、QQ、微信、虚拟社区、邮件等方式参与知识共享，无线方式主要为通过电话、短信等方式参与知识共享，离线方式主要通过面谈、现场指导等方式参与知识共享。由于共享的知识既包含显性知识又包含隐性知识，且显性知识和隐性知识是可以相互转化的，因此存在外部化、内部化、组合化和社会化四种活动，其中外部化为将显性知识转化为隐性知识，内部化为将隐性知识转化为显性知识，组合化为显性知识间的转化，社会化为隐性知识间的转化，知识在这四种转化活动的基础上实现了在共享主体间的转移和共享。

3.知识共享整合阶段

在知识共享结束后，知识共享主体需要对共享的知识进行消化和吸收，将新接受到的知识与自身原有的知识进行关联和整合。

4.知识共享创新阶段

知识共享创新阶段指的是知识共享主体在对知识整合的基础上进行创新的过程，其本质是知识共享主体在对自身现有的知识进行理解的基础上产生的创造性活动，从而产生新的知识。

5.知识共享维护阶段

维护阶段的主要任务为对知识共享的效果进行评价及维护，并根据知识的整合和创新对知识网络和知识主体网络进行更新。

5.3 顾客知识共享运行机制的仿真假设与仿真步骤

1.仿真假设

假设 1：假设系统中存在知识、顾客和企业员工三种异质节点及六种要素关系。

假设 2：假设企业员工从知识提供者名单中随机选择一名顾客发送知识共享请求，且顾客不能拒绝企业员工的知识共享请求。

假设 3：假设知识共享结束后，根据知识共享的效果相应地增加知识存储量和顾客忠诚度。

假设 4：假设知识节点存储量超出阈值时会产生一个新知识节点，且自身存储量减少，当顾客忠诚度超出阈值时会产生一个新顾客节点，且自身忠诚度减少。

2.仿真步骤

步骤 1：数据收集，对知识、顾客和企业员工相关数据进行收集并编码。

步骤 2：根据数据及编码建立知识子网络、顾客子网络以及企业组织子网络，并建立各网络间的映射关系。

步骤 3：企业员工向知识共享中心发出某知识的共享请求，共享中心首先在知识子网络对该知识进行搜索，然后在顾客子网络中搜寻与该知识存在映射关系的顾客，并将存在映射关系的顾客列表发送给企业员工。

步骤 4：若不存在与该知识存在映射关系的顾客，则在知识子网络中搜寻与该知识点关联程度最高的知识点，重复步骤 3。

步骤 5：企业员工收到存在映射关系的顾客列表后，向顾客发送知识共享请求，开始知识共享。

5.4 顾客知识共享运行机制的仿真分析

5.4.1 参与知识共享的顾客数量对知识创新进程的影响

假设该超网络模型中知识子网络有 15 个节点，企业组织子网络有 80 个节点，当参与知识共享的顾客数量分别为 100、200、300 和 400 时仿真结果如表 5-1 所示。

表 5-1　参与知识共享的顾客数量对知识创新进程的影响

参与知识共享的顾客数量	产生的新知识数量	首次出现新知识节点的时间
100	8	time=906
200	8	time=786
300	8	time=809
400	5	time=973

由表 5-1 的数据可知，参与知识共享的顾客的数量会影响企业知识创新的效率，当参与知识共享的顾客数量由 100 增加到 200 时，首次出现新知识节点的时间由 time=906 缩短为 time=786，表明参与知识共享顾客数量的增加会加速企业知识创新的速度，而当顾客参与数量由 200 继续增加到 400 时，随着顾客参与数量的增加，企业知识创新的数量和速度明显下降，说明顾客的过度参与会阻碍企业知识创新的进程，因此，企业需要根据实际情况科学地确定参与知识共享的顾客数量。在本研究的超网络模型中，当参与知识共享的顾客数量为 200 时产生新知识的数量及速度达到最佳状态，因此设定顾客子网络有 200 个节点（经过实验证明了顾客节点的数量不会影响后续的研究结果）。

本章采用 NetLogo 软件对顾客知识共享的超网络模型进行仿真分析，构建了包含 15 个知识节点、80 个员工节点和 200 个顾客节点的超网络模型，如图 5-3 所示，其中圆形节点为知识节点，"人形"节点为顾客和企业员工节点。超网络模型中各知识节点的存储量如表 5-2 所示，各顾客节点的忠诚度如表 5-3 所示。

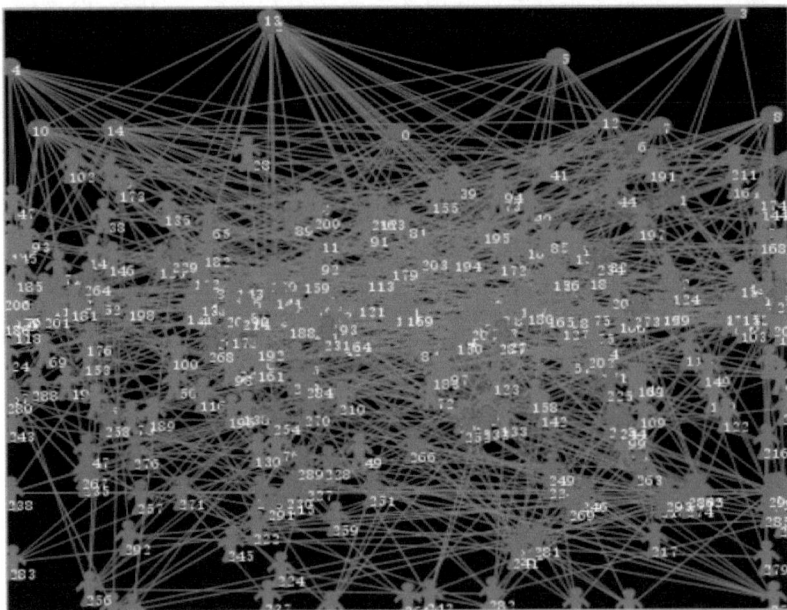

图 5-3　知识共享超网络仿真模型

表 5-2　知识节点存储量

知识节点	知识存储量
Knowledge 0	3.619
Knowledge 1	1.019
Knowledge 2	1.864
Knowledge 3	3.827
Knowledge 4	2.859
Knowledge 5	1.665
...	...
Knowledge 14	3.435

表 5-3　顾客节点忠诚度

顾客节点	顾客忠诚度
Customer 15	0.418
Customer 16	0.293
Customer 17	0.456
Customer 18	0.576
Customer 19	0.239
Customer 20	0.127
...	...
Customer 214	0.608

模型的仿真结果如图 5-4 所示，在时钟计数器 ticks=600 的条件下，经过顾客与企业间的知识的共享，知识的总存储量由初始的 38.71 变为 126.33，并且产生了 8 个新的知识节点和 2 个新的顾客节点，第一个新知识节点的产生是在 time=786 时产生的，第一个新顾客节点是在 time=1 048 时产生的。

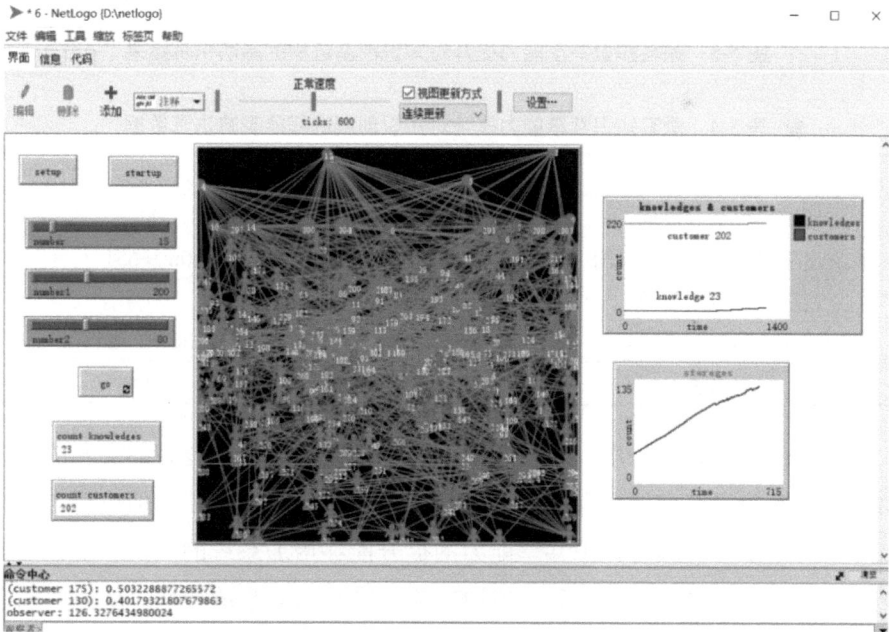

图 5-4　知识共享仿真结果

5.4.2 顾客知识共享能力对知识创新进程的影响

顾客知识共享能力提升对知识创新进程的影响实验结果如图 5-5 所示，图 a) 为初始状态下知识共享的仿真结果，图 b) 为顾客知识共享能力提升 20% 后的仿真结果。仿真数据如表 5-4 所示，顾客知识共享能力提升后系统新增的知识节点数量由 8 个上升为 11 个，且第一个新知识节点产生的时间由 time=786 缩短为 time=651，系统的知识总量由 126.33 增加为 142.45。

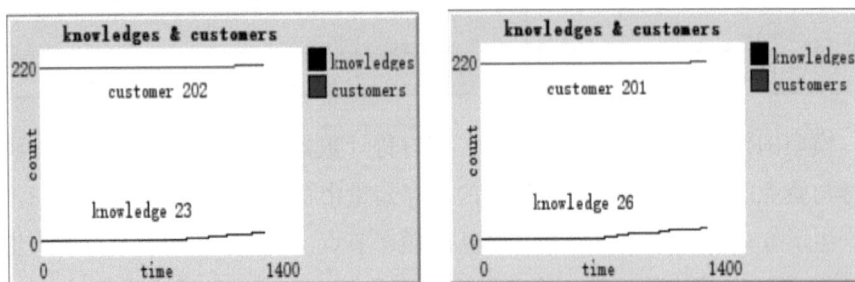

a) 初始仿真结果　　　　　b) 知识共享能力提升 20% 的仿真结果

图 5-5　顾客知识共享能力提升对知识创新进程的影响仿真结果

表 5-4　顾客知识共享能力提升对知识创新进程的影响仿真数据

	初始条件	顾客知识共享能力提升 20%
新增知识节点数量	8	11
首次出现新知识节点的时间	time=786	time=651
新增顾客节点数量	2	1
首次出现新顾客节点的时间	time=1 048	time=1 123
知识总量	126.33	142.45

通过仿真结果可得出以下几条结论：①顾客知识共享能力的提升能够增加系统新增知识节点的数量；②顾客知识共享能力的提升能够加快新知识节点产生的速度；③顾客知识共享能力的提升能够增加系统的知识总量。研究表明顾客知识共享能力的提升一方面能够提升知识共享的效率，从而增加系统的知识总量，另一方面能够增强共享主体对知识的消化和吸收能力，从而促进知识的创新。

5.4.3 顾客知识创新能力对知识创新进程的影响

顾客知识创新能力提升对知识创新进程的影响仿真结果如图 5-6 所示，图 a）为初始状态下知识共享的仿真结果，图 b）为顾客知识创新能力提升 20% 后的仿真结果。仿真数据如表 5-5 所示，顾客知识创新能力提升后系统新增知识节点由 8 个上升为 11 个，且第一个新知识节点产生的时间由 time=786 缩短为 time=472。

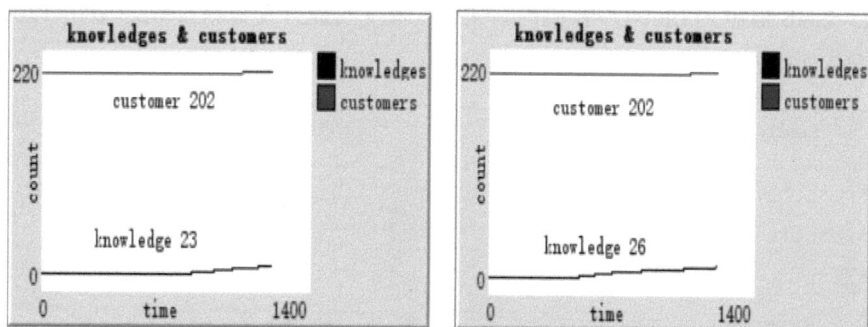

　　a）初始仿真结果　　　　　　　　b）知识创新能力提升 20% 的仿真结果

图 5-6　顾客知识创新能力提升对知识创新进程的影响仿真结果

表 5-5　顾客知识创新能力提升对知识创新进程的影响仿真数据

	初始条件	顾客知识创新能力提升 20%
新增知识节点数量	8	11
首次出现新知识节点的时间	time=786	time=472
新增顾客节点数量	2	2
首次出现新顾客节点的时间	time=1 048	time=1 063
知识总量	126.33	121.09

由实验数据可得出以下几条结论：①顾客知识创新能力的提升能够增加系统新增知识节点的数量；②顾客知识创新能力的提升能够加快新知识节点产生的速度。虽然顾客知识共享能力、知识创新能力和顾客忠诚度的提升都能够加速新知识节点产生的速度，但是顾客知识创新能力对知识创新速度的影响最为显著，因此，顾客知识创新能力是加速企业创新进程的关键因素。

5.4.4 顾客忠诚度对知识创新进程的影响

顾客忠诚度提升对知识创新进程的影响仿真结果如图 5-7 所示，图 a）为初始状态下知识共享的仿真结果，图 b）为顾客忠诚度提升 20%后的仿真结果。仿真数据如表 5-6 所示，顾客忠诚度的提升使得系统新增知识节点数量由 8 个上升为 11 个，且第一个新知识节点产生的时间由 time=786 缩短为 time=659，新增顾客节点数量由 2 个上升为 5 个，并且第一个新顾客节点产生的时间由 time=1048 缩短为 time=779，同时，顾客忠诚度的提升使系统知识总量由 126.33 上升为 138.89。

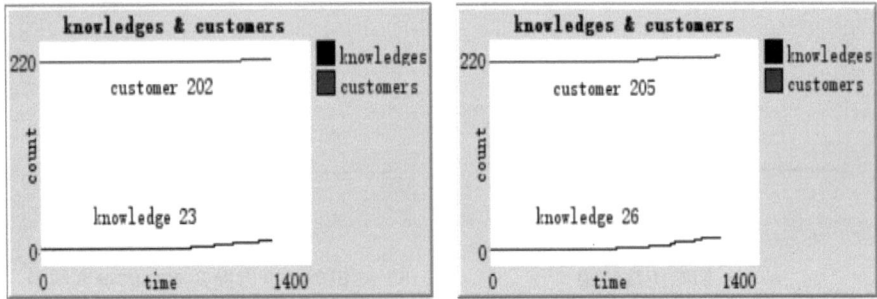

<table>
<tr><td>a）初始仿真结果</td><td>b）顾客忠诚度提升 20%的仿真结果</td></tr>
</table>

图 5-7 顾客忠诚度提升对知识创新进程的影响仿真结果

表 5-6 顾客忠诚度提升对知识创新进程的影响仿真数据

	初始条件	顾客忠诚度提升 20%
新增知识节点数量	8	11
首次出现新知识节点的时间	time=786	time=659
新增顾客节点数量	2	5
首次出现新顾客节点的时间	time=1 048	time=779
知识总量	126.33	138.89

由实验数据可得出以下几条结论：①顾客忠诚度的提升能够增加系统新增知识节点的数量；②顾客忠诚度的提升能够加快新知识节点产生的速度；③顾客忠诚度的提升能够增加系统新增顾客节点的数量；④顾客忠诚度的提升能够加快新顾客节点的产生速度；⑤顾客忠诚度的提升能够增加系统的知识总量。

研究结果表明，顾客忠诚度的提升一方面能够增加系统新顾客节点的数量并加速新顾客节点产生的速度，另一方面，顾客忠诚度的提升对顾客知识共享能力和知识创新能力具有间接的促进作用。同时，顾客知识共享能力对系统知识总量的影响较为显著，顾客知识创新能力对知识创新速度的影响较为显著，顾客忠诚度的提升加速了知识创新速度并增加了系统知识总量，表明顾客忠诚度的提升会使得顾客在知识共享过程中投入更多的时间和精力，从而间接地提升了自身的知识共享能力和创新能力。

5.4.5 结果分析

本章建立了包含知识子网络、顾客子网络和企业组织子网络的超网络模型，从准备阶段、实施阶段、整合阶段、创新阶段和维护阶段对顾客参与知识共享的过程进行分析，并通过仿真实验分析了顾客知识共享能力、知识创新能力和顾客忠诚度对知识共享进程的影响，主要研究结论如下：

（1）参与知识共享的顾客数量会影响企业知识创新的效率，顾客的适当参与能够加速企业知识创新的进程，而顾客的过度参与反而会阻碍企业知识创新的进程，因此，企业需要根据实际情况科学地确定参与知识共享的顾客数量。

（2）顾客知识创新能力是加快知识创新进程的关键驱动因素，顾客知识共享能力、知识创新能力和顾客忠诚度都对企业知识创新进程存在显著的正向影响，但是相比于知识共享能力和顾客忠诚度的提升，顾客知识创新能力的提升对知识创新的进程具有更为显著的影响，因此，企业应该更加注重对顾客和企业员工创新能力的培养。

（3）顾客知识共享能力的提升是决定系统知识总量的关键因素，由实验数据可知，顾客知识创新能力、知识共享能力和顾客忠诚度的提升都能够加快企业知识创新进程，但是相比于知识创新能力和顾客忠诚度提升，顾客知识共享能力的提升更加显著地增加了系统的知识总量，这一结果表明，顾客知识共享能力的提升使得知识共享参与者对知识的表达能力、转移能力和吸收能力增强，进一步增加了共享知识的总量并提升了知识共享的效率，从而增加了系统中的知识总量。因此，企业应该通过组织培训等方式来提升顾客和企业员工的知识共享能力，从而增加系统的知识总量。

（4）顾客忠诚度的提升对顾客知识共享能力和知识创新能力具有间接的促进作用，顾客忠诚度的提升增加了新增知识节点和新增顾客节点的数量，加快了新知识节点和新顾客节点的产生速度，并且增加了系统知识总量，这一结果表明，顾客忠诚度的提升会使得顾客在知识共享过程中投入更多的时间和精力，间接地提升了自身的知识共享能力和知识创新能力。同时，由前文的研究结果可知，顾客忠诚度对顾客知识共享意愿存在显著的正向影响，由此可见顾客忠诚度是增强顾客参与意愿、提升顾客参与能力以及保证知识共享行为持续发生的关键。因此，企业应该加强对顾客忠诚度的管理，通过为顾客提供优质的产品和服务、难忘的消费体验等方式提升顾客的满意度和忠诚度。同时，企业还要关注顾客的心理需求，对顾客提出的意见和建议要加以重视，因为顾客作为产品和服务的购买者和使用者，对产品和服务的品质和体验具有较高的话语权，企业应根据顾客的反馈对产品和服务进行改进和创新，从而为顾客提供更好的消费体验，进而增强顾客忠诚度。

5.5 本章小结

本章结合超网络理论建立了包含知识子网络、顾客子网络和企业组织子网络的顾客参与知识共享超网络模型，从准备阶段、实施阶段、整合阶段、创新阶段和维护阶段对顾客参与知识共享的过程进行分析，并运用 NetLogo 软件对顾客与企业间的知识共享进程进行了仿真分析，分析了参与知识共享的顾客数量、顾客知识共享能力、知识创新能力和顾客忠诚度对企业知识创新进程的影响。

第6章　顾客知识共享的激励机制分析

　　由前文的分析结果可知，组织激励能够通过顾客忠诚度和信任的中介效应分别对顾客知识共享意愿和知识共享行为产生正向影响，由此可见，组织激励是保持知识共享行为持续发生的关键因素，因此，对顾客知识共享激励机制进行研究尤为重要。

　　目前学者们主要采用博弈论对激励机制进行研究，来尧静等人（2015）分析了顾客参与产品创新过程中与企业研发人员的知识共享问题，研究了顾客与企业研发人员的知识共享"囚徒困境"及知识共享激励下的产品创新博弈。马轶德等人（2012）运用委托-代理理论对供应链知识共享的激励机制进行了研究，构建了供应链知识共享激励机制的基本模型和考虑监控信号的激励模型，并验证了监控信号能够提高成员企业知识共享的努力水平并且提升了激励契约的合理性。魏道江等人（2014）构建了基于知识接受者评价的组织内部知识共享激励机制，该激励机制模型中的知识共享产出分配系数由知识接受者对知识转移的评价效果决定，这种激励机制有助于提升知识共享的效率，并且对知识共享过程有间接的监督作用。还有学者将知识位势、知识类型、自然状态的影响等因素纳入知识共享激励机制模型中，林陵娜等人（2018）基于知识场理论，从知识广度和知识深度两方面对知识主体的知识位势进行了分析，构建了不同知识位势主体条件下的知识共享激励模型，并分析了知识共享主体在风险中性和风险规避情况下的激励策略。沈娜利等人（2018）在对大数据环境下客户知识分析的基础上，将知识共享分为普通知识共享和大数据知识共享，构建了包含两种知识的知识共享产出函数，并分析了信息对称和信息不对称环境下的知识共享激励策略。林陵娜和吴宇蒙（2018）将自然状态负效用纳入了委托-代理模型，并构建了不存在自然状态负效用和存在自然状态负效用影响下的项目型组织知识共享激励模型，分析了两种情形下的知识共享产出分配系数及知识共享努力水平的差异。

国内外学者对顾客知识共享领域的研究成果较少，并且对知识共享激励机制的研究主要分为显性知识共享的激励机制和隐性知识共享的激励机制，但是在顾客知识共享的过程中，共享的知识是同时包含了显性知识和隐性知识的，仅将共享的知识假定为全部是显性知识或隐性知识是不合理的。那么共享知识中显性知识和隐性知识的比例是否会影响顾客的知识共享努力水平，怎样根据共享知识的组成结构制定收益分配比例，如何制定合理的激励策略来提升知识共享的效率，这些都是企业在知识共享实施过程中面临的现实问题，也是有待解决的问题。基于此，本章试图从共享知识结构的视角对顾客知识共享激励机制进行研究，将顾客共享的知识界定为显性知识和隐性知识的综合体，并采用委托-代理模型研究两种知识比例的变化对顾客努力水平及收益分配系数的影响，从而为企业知识共享激励策略的制定提供理论指导。

6.1 顾客知识共享的委托-代理关系

委托-代理理论主要解决如下的一类问题：系统中存在两类参与人，分别为委托人和代理人，委托人的目的是代理人能够选择某项行动从而满足委托人的利益需求，但是在此过程中委托人并不能够直接观测到代理人具体选择了什么行动，委托人所能观测到的是另外一些变量，这些变量是由代理人的行动和其他的外生随机因素共同决定的，此时委托人面临的问题是怎样根据观测到的信息来制定相应的激励机制，进而激励代理人能够选择对委托人最有利的行动。

在委托-代理模型中，委托人面临着来自代理人的两个约束：第一个约束是参与约束（participation constraint），又称为个人理性约束（individual rationality constraint），指的是代理人在接受合同时获得的期望效用不能够小于代理人不接受合同时能够获得的最大期望效用，其中代理人在不接受合同时获得的最大期望效用称为保留效用，保留效用的大小由代理人面临的市场机会决定；第二个约束是激励相容约束（incentive compatibility constraint），指的是无论面对何种激励合同，代理人总是会选择能够使自己的期望效用最大化的行动，简单地说，代理人总是会选择对自己最有利的行动。

顾客的知识共享行为不会自然发生，需要企业制定相应的激励机制来激励顾客知识共享行为的发生，此时企业为委托-代理模型中的委托人，而顾客是代理人。作为代理人，顾客在进行知识共享时需要耗费一定的时间和精力对知识进行归纳、转化和传递等，因此顾客会希望获得一定的收益作为对知识共享行为的补偿，顾客会通过权衡参与知识共享获得的收益和付出的成本，从而决定是否参与知识共享以及知识共享的程度。

6.2 顾客知识共享激励机制模型的建立

6.2.1 基本假设

顾客知识的共享有利于企业的产品创新、技术创新、服务创新和管理创新，并且能够加速企业的创新进程。为了使顾客在知识共享过程中付出更多的努力水平，企业需要采取相应的激励措施，本章主要拟采用委托-代理模型对顾客知识共享激励机制进行建模，并对模型进行了如下假设：

假设1：在知识共享过程中企业为委托人，顾客为代理人，顾客共享的知识中既包含显性知识也包含隐性知识，并且假设共享的知识中隐性知识所占比例为K_1，显性知识所占的比例为K_2，满足$0<K_1, K_2 \leqslant 1$且$K_1+K_2=1$，当$K_1=1$时共享的知识全部为隐性知识，当$K_2=1$时共享的知识全部为显性知识。

假设2：顾客在知识共享过程中需要付出一定的成本，且共享成本与共享知识比例和努力水平有关，假设隐性知识的共享成本为$\frac{1}{2}c_1 K_1^2 s^2$，显性知识的共享成本为$\frac{1}{2}c_2 K_2^2 s^2$，其中c_1、c_2分别为隐性知识和显性知识的共享成本系数，且假设$c_1>c_2$，即隐性知识的共享成本系数大于显性知识的共享成本系数。

假设3：知识共享的产出包含隐性知识共享的产出和显性知识共享的产出两个部分，且知识共享的产出受顾客努力水平和共享知识比例的影响，假设隐性知识共享的产出为$a_1 K_1 \ln s$，显性知识的产出为$a_2 K_2^2 \ln s$，即假定顾客共享的隐性知识可全部用于创造收益，而显性知识则只有一部分能创造收益，其中a_1、a_2为隐性知识和显性知识的产出系数且满足$a_1>a_2$，s为努力水平且满足$s>1$，产出与努力水平的对数成正比表明当努力水平处于较低状态时，努力水平的提升能够快速地增加知识共享的产出，而当努力水平处于较高状态时，努力水平的提升并不会对知识产出产生较大的影响。

假设 4：知识共享的产出还受不可控的随机因素的影响，假设θ为影响产出的随机因素，且服从均值为 0、方差为σ^2的正态分布。

假设 5：假设委托人为代理人设计的最优线性激励契约为$\omega=\alpha+\beta\pi$，其中ω为代理人获得的收益，α为代理人的固定收益，π为知识共享的产出，β为代理人获得的知识共享产出收益分配系数，并且满足$0\leqslant\beta\leqslant1$。

假设 6：假设企业为风险中性的，而顾客是风险规避的，定义顾客的绝对风险规避量为ρ，根据 Hsu（2006）的研究可得顾客的风险成本为$\frac{1}{2}\rho\mathrm{Var}(\omega)$。

6.2.2 模型建立

顾客知识共享的产出受隐性知识共享的产出、显性知识共享的产出和随机因素三个部分的影响，根据研究假设 1~假设 4 可得知识共享的产出函数：

$$\pi=a_1K_1\ln s+a_2K_2{}^2\ln s+\theta \qquad （6-1）$$

顾客知识共享的成本包含隐性知识共享的成本和显性知识共享的成本两个部分，根据研究假设 2 可得顾客知识共享的成本函数：

$$C=\frac{1}{2}c_1K_1{}^2s^2+\frac{1}{2}c_2K_2{}^2s^2 \qquad （6-2）$$

为了提升顾客知识共享的努力水平，企业需要为顾客提供一份激励合同，目前国内外学者对激励合同的研究多采用线性合同：

$$\omega=\alpha+\beta\pi=\alpha+\beta(a_1K_1\ln s+a_2K_2{}^2\ln s+\theta) \qquad （6-3）$$

公式（6-3）中的ω为顾客获得的总收益；α为顾客的固定收益，与企业的激励合同无关；β为顾客获得的知识共享产出收益分配系数，且满足$0\leqslant\beta\leqslant1$。当$\beta=0$时表示顾客不承担任何风险，也不享受知识共享的收益；当$\beta=1$时表示顾客获得知识共享创造的全部收益并且承担全部风险。

本模型中假设企业是风险中性的，而顾客是风险规避的，定义顾客的绝对风险规避度为ρ，根据 Hsu 的研究可得顾客的风险成本为

$$F=\frac{1}{2}\rho\mathrm{Var}(\omega)=\frac{1}{2}\rho\beta^2\sigma^2 \qquad （6-4）$$

企业的期望效用为知识共享的总收益减去为顾客提供的激励合同，企业的期望效用函数可表示为

$$E(U_1)=\pi-\omega=(1-\beta)(a_1K_1\ln s+a_2K_2{}^2\ln s)-\alpha \qquad (6\text{-}5)$$

顾客的期望收益为获得的激励合同的收益减去其成本，其中成本包含知识共享的成本和风险成本两个部分，知识共享成本又包含了隐性知识共享成本和显性知识共享成本两个部分，则顾客的期望收益表示为

$$E(U_2)=\alpha+\beta(a_1K_1\ln s+a_2K_2{}^2\ln s)-\frac{1}{2}c_1K_1{}^2s^2-\frac{1}{2}c_2K_2{}^2s^2-\frac{1}{2}\rho\beta^2\sigma^2 \qquad (6\text{-}6)$$

根据委托-代理理论，有效的激励契约需要包含参与约束（IR）和激励相容约束（IC）两部分，参与约束指的是顾客接受合同时获得的期望效用不能小于不接受合同时获得的最大期望效用，激励相容约束指的是在任何激励合同下，顾客总是选择使自己期望效用最大化的活动，因此，顾客知识共享的激励机制转化为求解以下最优化问题：

$$\max E(U_1)=(1-\beta)(a_1K_1\ln s+a_2K_2{}^2\ln s)-\alpha \qquad (6\text{-}7)$$

$$\text{s.t. }(IR)\alpha+\beta(a_1K_1\ln s+a_2K_2{}^2\ln s)-\frac{1}{2}c_1K_1{}^2s^2-\frac{1}{2}c_2K_2{}^2s^2-\frac{1}{2}\rho\beta^2\sigma^2\geqslant\overline{U} \qquad (6\text{-}8)$$

$$(IC)\overline{s}\in\arg\max_s\left(\alpha+\beta(a_1K_1\ln s+a_2K_2{}^2\ln s)-\frac{1}{2}c_1K_1{}^2s^2-\frac{1}{2}c_2K_2{}^2s^2-\frac{1}{2}\rho\beta^2\sigma^2\right) \qquad (6\text{-}9)$$

1.信息对称情况下的激励机制模型

当信息对称时，企业能够观测到顾客在知识共享过程中的努力水平，因此激励相容约束是多余的，问题转化为由基本模型中的公式(6-7)和公式(6-8)组成的最优化问题，即

$$\max E(U_1)=(1-\beta)(a_1K_1\ln s+a_2K_2{}^2\ln s)-\alpha \qquad (6\text{-}10)$$

$$\text{s.t. }(IR)\alpha+\beta(a_1K_1\ln s+a_2K_2{}^2\ln s)-\frac{1}{2}c_1K_1{}^2s^2-\frac{1}{2}c_2K_2{}^2s^2-\frac{1}{2}\rho\beta^2\sigma^2\geqslant\overline{U} \qquad (6\text{-}11)$$

在信息对称的环境下，企业愿意支付的仅仅是顾客在不参与知识共享时能够获得的最大期望效用$\overline{U}$，因此，将公式（6-11）代入公式（6-10）得到

$$\max(a_1K_1\ln s+a_2K_2{}^2\ln s-\overline{U}-\frac{1}{2}c_1K_1{}^2s^2-\frac{1}{2}c_2K_2{}^2s^2-\frac{1}{2}\rho\beta^2\sigma^2) \qquad (6\text{-}12)$$

将公式（6-12）对 s 和 β 分别求偏导可得

$$s^*=\sqrt{\frac{a_1K_1+a_2K_2^2}{c_1K_1^2+c_2K_2^2}},\beta^*=0 \tag{6-13}$$

为了满足努力水平 $s>1$，必须保证 $a_1K_1+a_2K_2^2>c_1K_1^2+c_2K_2^2$，即顾客参与知识共享的产出要高，而参与的成本要低，否则顾客将没有欲望参与知识共享。此时将公式（6-13）代入公式（6-12）可得企业的总收益为

$$a_1K_1\ln s+a_2K_2^2\ln s-\overline{U}-\frac{1}{2}c_1K_1^2s^2-\frac{1}{2}c_2K_2^2s^2$$

$$=\frac{1}{2}(a_1K_1+a_2K_2^2)\ln\frac{a_1K_1+a_2K_2^2}{c_1K_1^2+c_2K_2^2}-\overline{U}-\frac{1}{2}(a_1K_1+a_2K_2^2) \tag{6-14}$$

将公式（6-13）代入公式（6-11）可得

$$\alpha^*=\overline{U}+\frac{1}{2}(a_1K_1+a_2K_2^2) \tag{6-15}$$

企业支付给顾客的报酬为

$$\omega^*=\alpha+\beta\pi=\overline{U}+\frac{1}{2}(a_1K_1+a_2K_2^2) \tag{6-16}$$

2.信息不对称情况下的激励机制模型

当信息不对称的条件下，企业无法观测到顾客的努力水平，因此企业需要通过制定相应的激励合同来激励顾客选择较高的努力水平，此时问题转化为对基本模型求解，即对由公式（6-7）、公式（6-8）和公式（6-9）组成的最优化模型进行求解：

$$\max E(U_1)=(1-\beta)(a_1K_1\ln s+a_2K_2^2\ln s)-\alpha \tag{6-17}$$

$$\text{s.t. (IR)}\alpha+\beta(a_1K_1\ln s+a_2K_2^2\ln s)-\frac{1}{2}c_1K_1^2s^2-\frac{1}{2}c_2K_2^2s^2-\frac{1}{2}\rho\beta^2\sigma^2\geqslant\overline{U} \tag{6-18}$$

$$\bar{s}\in\arg\max_s(\alpha+\beta(a_1K_1\ln s+a_2K_2^2\ln s)-\frac{1}{2}c_1K_1^2s^2-\frac{1}{2}c_2K_2^2s^2-\frac{1}{2}\rho\beta^2\sigma^2) \tag{6-19}$$

将公式（6-19）对 s 求导可得

$$s^{**}=\sqrt{\frac{\beta(a_1K_1+a_2K_2^2)}{c_1K_1^2+c_2K_2^2}} \tag{6-20}$$

将公式（6-18）取等号得

$$\alpha+\beta(a_1K_1\ln s+a_2K_2{}^2\ln s)-\frac{1}{2}c_1K_1{}^2s^2-\frac{1}{2}c_2K_2{}^2s^2-\frac{1}{2}\rho\beta^2\sigma^2=\overline{U} \qquad (6\text{-}21)$$

将公式（6-20）和公式（6-21）代入公式（6-17），并对β求导可得

$$\beta^{**}=\sqrt{\frac{a_1K_1+a_2K_2^2}{2\rho\sigma^2}+\left(\frac{a_1K_1+a_2K_2^2}{4\rho\sigma^2}\right)^2-\frac{a_1K_1+a_2K_2^2}{4\rho\sigma^2}} \qquad (6\text{-}22)$$

$$s^{**}=\sqrt{\frac{a_1K_1+a_2K_2^2}{c_1K_1^2+c_2K_2^2}\left(\sqrt{\frac{a_1K_1+a_2K_2^2}{2\rho\sigma^2}+\left(\frac{a_1K_1+a_2K_2^2}{4\rho\sigma^2}\right)^2}-\frac{a_1K_1+a_2K_2^2}{4\rho\sigma^2}\right)} \qquad (6\text{-}23)$$

6.3 顾客知识共享激励机制模型的分析

为了对模型进行进一步的分析，对模型中的各参数赋值为：隐性知识的产出系数a_1=0.5，显性知识的产出系数a_2=0.4，隐性知识的共享成本系数c_1=0.04，显性知识的共享成本系数c_2=0.03，顾客的绝对风险规避程度ρ=1，隐性知识与显性知识的比例K_1+K_2=1，随机因素的方差σ^2=1。运用 MATLAB 软件对该模型进行了仿真分析，得到以下结论。

6.3.1 知识共享努力水平与共享知识组成结构的关系

在知识共享的产出系数、成本系数、风险规避度及随机因素的方差确定的条件下，知识共享的努力程度与共享知识的组成结构有关，即隐性知识的比例K_1和显性知识比例K_2的变化会影响知识共享的努力程度，仿真分析结果如图6-1所示。

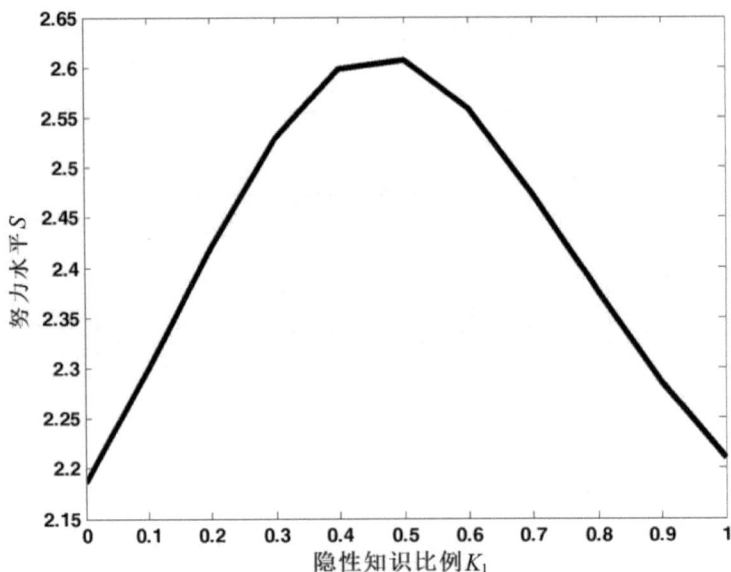

图 6-1　努力水平与共享知识结构的关系

由图 6-1 的仿真结果可得到以下几条结论：（1）知识共享的努力水平的曲线为上抛物线型，当隐性知识比例K_1为 0 时努力程度达到最低值，即当顾客共享的知识全部为显性知识时付出的努力水平最低；（2）当显性知识比例K_2为 0 时，即当顾客共享的知识全部为隐性知识时付出的努力水平达到次低值，可理解为当顾客共享的知识全部为显性知识或全部为隐性知识时，此时共享的知识结构复杂性较低，因此顾客付出的努力水平较低；（3）当显性知识与隐性知识比例相同均为 0.5 时努力程度达到最大值，即当顾客共享的知识中包含相同比例的显性知识和隐性知识时付出的努力水平最高，可理解为此时共享的知识结构最为复杂，共享者需要同等地兼顾两种知识的共享，因此，顾客付出的努力水平最高；（4）当共享的知识包含显性知识和隐性知识且比例不同时，努力水平从最高点呈下降趋势，可理解为当显性知识和隐性知识占比不同时，共享者付出的努力更倾向于所占比例较高的知识类型，因此，在一定程度上降低了知识共享的努力水平。

同时，由$\beta^{**}<1$可得$s^{**}<s^*$，可知信息不对称情况下的努力水平s^{**}低于信息对称情况下的努力水平s^*，当信息对称时，企业能够直接观测到顾客在知识共

享过程中的努力水平，因此顾客的努力水平较高，而当信息不对称时，顾客的努力水平是不能被直接观测的，顾客容易出现偷懒的行为，因此只能通过激励来提升顾客的努力水平，在信息对称和不对称情况下的隐性知识比例与努力水平的关系如图 6-2 所示。

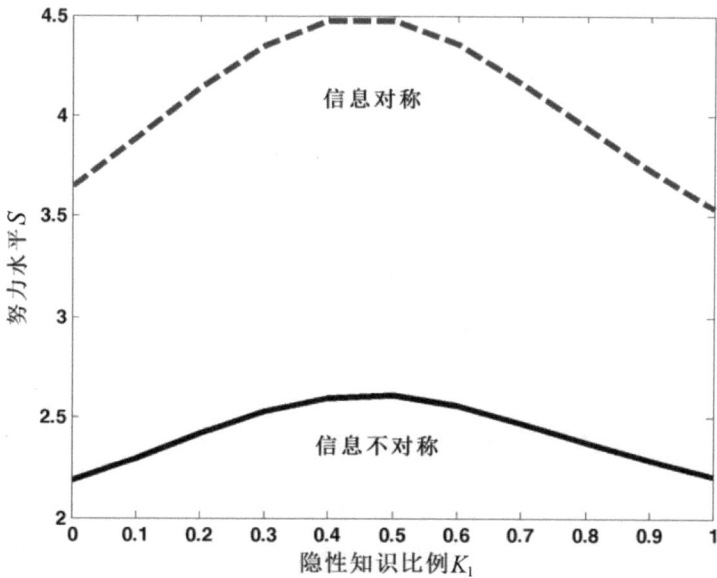

图 6-2　信息对称与不对称情况下的努力水平

6.3.2　收益共享比例与共享知识组成结构的关系

收益共享比例 β 与隐性知识比例 K_1 的关系如图 6-3 所示，由图 6-3 的仿真结果可得到以下几条结论：（1）收益共享比例的曲线呈下抛物线的形状，当隐性知识比例 K_1 为 1 即共享的知识全部为隐性知识时，此时的收益共享比例达到最大值，在隐性知识比例 K_1 为 0.4 时收益共享比例达到最小值；（2）在隐性知识比例 K_1 小于 0.4 时，收益共享比例随着隐性知识比例的增大而减小；（3）在隐性知识比例 K_1 大于 0.4 时，收益共享比例随着隐性知识比例的增大而增大；（4）当隐性知识比例 K_1 为 0 即共享的知识全部为显性知识时，其收益共享比例的值小于共享的知识全部为隐性知识时的值。

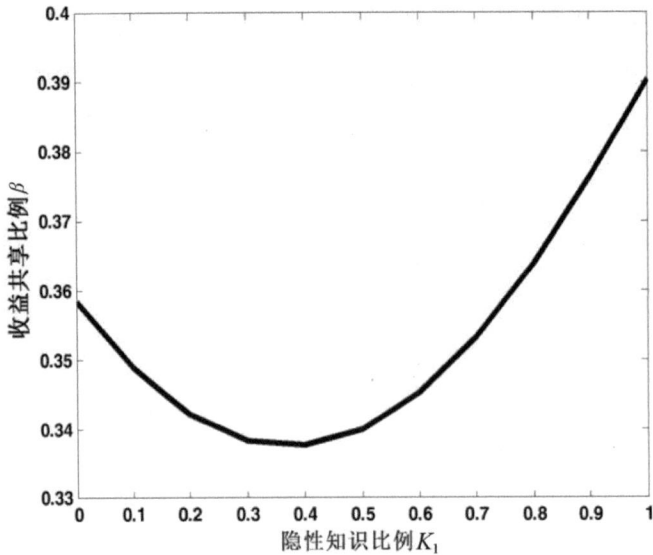

图 6-3　收益共享比例与共享知识结构的关系

6.3.3 收益共享比例与风险规避程度的关系

收益共享比例 β 与风险规避程度 ρ 的图像如图 6-4 所示，在隐性知识比例 K_1 相同的条件下，风险规避程度越高对应的收益共享比例越低，说明当顾客的风险规避程度较高时其风险意识较强，则其参与知识共享的意愿较低，付出的努力水平也较低，因此收益共享比例较低。相反，在隐性知识比例 K_1 相同的条件下，风险规避程度越低对应的收益共享比例越高，说明当顾客的风险规避程度较低时其风险意识较弱，参与知识共享的意愿较高，付出的努力水平也较高，因此收益共享比例较高。

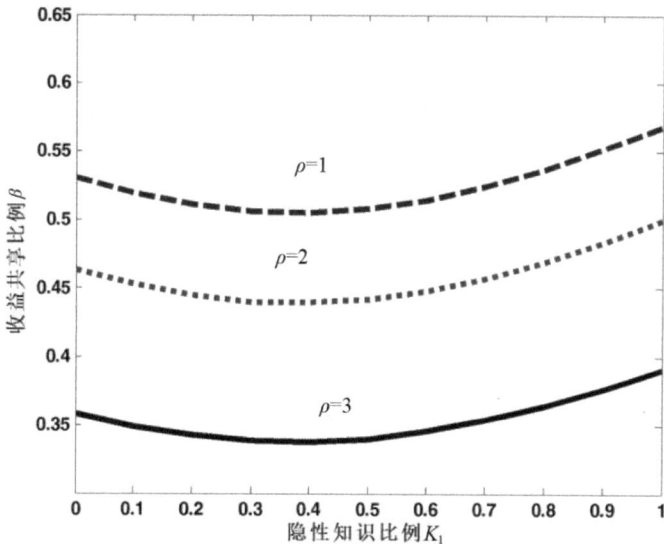

图 6-4　收益共享比例与风险规避程度的关系

6.4 本章小结

　　本章从知识结构的视角构建了基于委托-代理理论的顾客知识共享激励机制模型，分析了在信息对称和信息不对称情况下，共享知识中显性知识和隐性知识比例的变化对顾客知识共享努力水平及收益分配系数的影响，并运用 MATLAB 软件对该模型进行了仿真分析。通过仿真分析发现：（1）信息对称时的努力水平大于信息不对称时的努力水平；（2）努力水平与隐性知识比例的关系图像呈上抛物线形状，且当共享知识中的显性知识和隐性知识比例均为 0.5 时努力水平达到最大值，当共享的知识全部为显性知识时努力水平达到最小值；（3）收益共享分配系数与隐性知识比例的关系图像呈下抛物线形状，且当隐性知识所占比例为 0.4 时收益共享系数达到最小值，当共享的知识全部为隐性知识时收益共享系数达到最大值；（4）当顾客的风险意识增强时，知识共享的收益分配系数随之降低。

第7章　顾客知识共享的促进策略

在对顾客知识的影响因素、顾客知识共享的决策机制、顾客知识共享的运行机制和顾客知识共享的激励机制分析的基础上，本书拟从顾客知识共享主体、知识共享客体和知识共享环境三个层面提出顾客知识共享的促进策略，为顾客知识共享的实施提供理论指导。

7.1　基于知识共享主体的促进策略

7.1.1　注重顾客身份的转变

在"互联网+"环境下，企业面临的市场环境发生了巨大的变化，企业的价值创造方式也由传统的价值链模型转换为以用户为中心的价值环模型，顾客对产品和服务的需求已经由使用价值转变为更加注重体验价值，与顾客价值共创的模式将是企业商业模式创新的必然趋势。在价值共创的时代，顾客的身份已经发生了改变，顾客的角色已经由被动的价值接受者和生产资源转变为价值的主导者和共同生产者，因此顾客也成了企业创新的一分子。对于企业来说，更应该加强对顾客参与的管理，并且已有研究表明顾客的参与对企业的产品创新、服务创新和管理创新具有重要的推动作用。对于顾客来说，应该具有共享意识和合作意识，因为企业的产品创新、服务创新和管理创新等活动离不开顾客的参与，顾客的需求知识、体验知识和反馈知识的共享有助于企业的问题发现和改进方案的制定，从而为顾客提供更优质的产品和服务，在此过程中，顾客和企业是知识共享的共同受益者，因此，顾客应树立共享意识，与企业共同合作并创造更多的收益。

7.1.2 加强顾客忠诚度的管理

由前文的分析结果可知，顾客忠诚度会对顾客的知识共享意愿产生显著的正向影响，因此顾客忠诚度的提升会显著地提升顾客的知识共享意愿，从而促进顾客知识共享行为的发生。顾客的忠诚度指的是顾客较高的态度取向和顾客的重复购买行为，具体可体现为顾客对产品和服务的满意程度、重复购买意愿以及向他人推荐的意愿。对于顾客忠诚度的提升可以从以下几个方面进行：首先，企业应注重对产品和服务品质的管理，因为优质的产品和服务是促进顾客消费行为的关键因素；其次，注重顾客体验价值的提升，随着顾客主导逻辑和消费者主权论的发展，顾客对产品和服务的需求不再仅仅是其使用价值，更重要的是体验价值，良好的消费体验是获取顾客忠诚的重要途径；最后，注重顾客的情感管理，顾客对企业的认同感、归属感和信任感是决定顾客忠诚度的重要决定因素，因此企业应以顾客为中心，认真听取顾客的意见及建议，并在此基础上对产品和服务进行优化和升级。

7.1.3 提升顾客的知识共享能力和创新能力

知识共享能力指的是沟通能力，主要包括知识源的展现力、编码能力以及知识受体的理解力、消化吸收力等，指个体能够在多大程度上有效地将其所拥有的知识资源进行共享。由前文的分析结果可知，顾客知识共享能力的提升能够增强顾客的知识共享意愿，从而促进知识共享行为的发生。同时，在顾客知识共享过程中，顾客知识共享能力的提升能够显著地增加系统的知识总量，并且顾客知识创新能力的提升能够显著地缩短企业的知识创新进程。因此，顾客知识共享能力和创新能力的提升对企业的创新起着至关重要的作用，企业应加强对顾客知识共享能力和创新能力的提升，主要包括以下几个方面：首先，对顾客知识共享能力进行分类管理，由于个体的性格特征、知识共享态度和知识水平等因素的差异，使得个体间的知识共享能力存在差异，同时，由于个体趋利避害的特性，使得个体更倾向于选择对自身有利的事情以及自身擅长的事情，因此依据知识特性和顾客能力对顾客知识进行分类管理，使得顾客能够对其所擅长的知识进行共享，从而提升知识共享的效率；

其次，企业应提供一些培训活动，指导顾客如何对知识进行准确的表达、传递和接受，进而增强顾客的知识共享能力；最后，为顾客提供更多的实践机会，知识的创新是在对知识进行整合的基础上发生的，指的是知识共享主体在进行知识共享后，通过对知识的消化、吸收、学习和创新进而形成的新知识，因此企业应为顾客提供更多的参与机会，例如鼓励顾客参与新产品的创意征集、参与企业产品研发与设计环节等，并积极采纳顾客有价值的创意和想法，从而加速企业产品和服务的创新进程。

7.2 基于知识共享客体的促进策略

7.2.1 构建顾客知识管理系统

知识管理系统能够对顾客共享的有价值的经验、信息和创意等进行存储和分类管理，从而避免顾客知识的流失，并且有利于对知识的学习、共享、创新和再利用。同时，顾客知识管理系统能够降低企业对顾客知识管理的运营成本，提升知识管理的效率。可以从以下几个方面对顾客知识管理系统进行构建和完善：首先，根据一定的标准对顾客的知识进行分类存储，并构建各知识间的关联；其次，根据顾客的知识共享能力、顾客忠诚度等特性对顾客进行分类存储；最后，根据知识特性和顾客特性构建顾客知识地图，深度分析知识间以及顾客与知识间的关联，帮助企业建立知识导航，帮助企业更精确地搜寻所需的知识以及该知识的拥有者，提高知识共享的效率。

7.2.2 提升知识的有效利用率

相比于资本和能源，知识的投入能够为企业创造更多的收益且能够保持收益的持续性增长，顾客知识的共享对企业的产品创新、技术创新、服务创新和管理创新具有重要的推动作用，企业应充分利用顾客共享的知识并在此基础上实现知识的创新和知识共享收益的最大化。在知识共享过程中，企业不应该仅仅关心共享知识数量的增加，更应该关注共享知识质量的提升，因此，企业应建立相应的知识管理机制，及时对无用知识和过时知识等进行去除，并提升优质知识的有效利用率。

同时，知识共享的效果也与知识共享的方式密切相关，顾客应根据知识的特性合理地选择知识共享方式。顾客参与知识共享的途径大致可以分为在线知识共享、无线知识共享和离线知识共享三种。在线知识共享指的是顾客凭借互联网技术，通过 QQ、微信和论坛等方式与企业进行知识共享。无线知识共享指的是顾客通过电话、短信等方式与企业进行知识共享。离线知识共享指的是顾客通过与企业面谈、现场指导等方式进行知识的共享。不同的参与方式会产生不同的参与成本，顾客应该根据自身的实际情况和共享知识的组成结构对知识共享方式进行选择，使得顾客能够最大程度地将拥有的知识进行共享，从而提升知识共享的效率和知识的有效利用率。

7.2.3　丰富企业的知识储备

由前文的分析结果可知，当企业参与知识共享的初始概率较低且企业员工与顾客群体的知识储备量存在差异时，知识共享行为无法发生；当企业参与知识共享的初始概率较高且企业员工与顾客群体的知识储备量存在差异时，只有当顾客参与知识共享的初始概率较高时知识共享行为才会发生，并且当企业员工与顾客群体的知识储备量存在差异时会降低顾客参与知识共享的意愿，当企业员工的知识储备量较大时更有利于知识共享行为的发生，因此，为了促进知识共享行为的发生，企业需要丰富自身的知识储备。

7.3　基于知识共享环境的促进策略

7.3.1　营造良好的知识共享氛围

为了实现顾客知识的共享，企业应该为顾客营造良好的知识共享环境，从而提升顾客参与知识共享的意愿，营造良好的知识共享环境可主要从以下几个方面着手：首先，企业应该为顾客搭建实时的在线知识共享平台，既可以使用企业自主搭建的平台，也可利用虚拟社区、微信、QQ 等第三方平台，企业应该优化知识共享平台的界面设计和交互功能，提升知识共享平台的易用性和可操作性，并通过简化参与流程等方式来降低顾客参与知识共享的难度，从而增强顾客参与知识共享的意愿；其次，企业应为顾客提供离线的知识共享平台，因为在线知识共享大多为显性知识的共享，而隐性知识的共享需要借助示范、模仿和现场指导等方式，因此企业应提供离线的顾客知识共享场所来促进隐性知识的共享；最后，企业应加强共享文化的建设，顾客知识的共享需要顾客和企业员工的共同参与，企业文化是企业重要的组成部分，也是企业的灵魂，加强企业共享文化的建设有助于提升企业员工的共享意识和合作意识，并且能够为企业营造良好的知识共享氛围，从而保证知识共享行为的持续发生。同时，良好的知识共享氛围会增强顾客的信任感，由前文分析结果可知，信任的增加对顾客知识共享行为的发生存在显著的正向影响，因此，共享氛围是决定顾客知识共享行为能否发生的关键因素。

7.3.2 完善顾客知识共享评估机制

企业需要制定一套科学有效的知识共享评估机制，从而对顾客在知识共享过程中的贡献进行科学的评价。顾客在知识共享过程中的努力水平是与其共享的知识中显性知识和隐性知识的比例相关的，当顾客共享的知识全部为显性知识或全部为隐性知识时，顾客共享的知识结构单一，因此付出的努力水平相对较低，而当顾客共享的知识为显性知识和隐性知识的综合体时，由于共享的知识结构较为复杂且需要顾客在共享过程中完成两种知识间的转化，因此需要顾客付出更多的努力来完成知识的共享。企业需要根据顾客共享的知识组成结构对顾客的努力水平进行科学的评估。

7.3.3 完善顾客知识共享利益分配机制

由前文的分析可知，组织激励在顾客知识共享过程中起着决定性作用，组织激励对顾客知识共享意愿、顾客忠诚度和信任都存在显著的正向影响，组织激励的变化会对整个知识共享过程产生较大的影响，因此，组织激励是保持知识共享行为持续发生的关键。企业需要科学地制定收益分配系数，因为知识共享获得的收益是由企业和顾客共同创造的，收益分配的科学性和合理性决定了知识共享行为是否能够持续发生。顾客在知识共享过程中获得的收益分配系数与其共享的知识组成结构有关，企业在制定收益分配策略时应确保当顾客共享的知识全部为隐性知识时的收益分配系数应该高于顾客共享的知识全部为显性知识时的收益分配系数，同时，企业需要根据顾客的风险规避程度对收益分配系数进行调整，因为当顾客的风险规避意识较强时其参与知识共享的欲望较低，顾客在知识共享过程中付出的努力水平也较低，对应的利益分配系数也较低。因此，企业应该根据共享知识的组成结构、努力水平、贡献程度、风险程度等众多因素制定科学的收益分配策略，保证分配方案的科学性、公平性和合理性。

7.4 本章小结

本章根据前文的研究结论，主要从知识共享主体、知识共享客体和知识共享环境三个方面提出了顾客知识共享的促进策略。知识共享主体方面企业要注重顾客身份的转变和忠诚度的管理，并提升顾客的共享能力；知识共享客体方面企业要构建知识管理系统，提升知识创新效率和知识储备量；知识共享环境方面企业要营造良好的共享氛围，并制定科学的评价机制和利益分配机制，从而保障知识共享行为的持续发生。

结　　论

在"共享经济"和"大数据"时代的浪潮下，市场环境的变化对企业提出了更高的要求，企业面临的竞争也愈发激烈，自主学习能力和创新能力成为企业获取竞争优势的关键，企业也逐步认识到了知识管理的重要性，知识共享作为知识管理的主要活动和知识创新的基础备受学术界和企业界的关注。同时，在"共享经济"时代，价值共创成为企业商业模式创新的必然趋势，顾客由被动的价值接受者转变为价值主导者参与到企业的价值创造活动中，顾客知识的共享也为企业的知识共享注入了新鲜血液。本书从顾客与企业间知识共享的视角对顾客知识共享机理进行了研究，主要分析了顾客知识共享的影响因素、顾客知识共享的决策机制、运行机制和激励机制，丰富了知识共享领域的研究。

本书的主要研究成果和结论如下：

（1）从知识共享主体因素、知识共享客体因素和知识共享环境因素三个方面对顾客知识共享影响因素进行了分析，重点分析了顾客知识共享意愿、顾客忠诚度、顾客知识共享能力、顾客知识共享成本、预期收益、信任、知识特性、技术支持和组织激励对顾客知识共享行为的影响以及各因素间的关系，在此基础上提出了 13 条研究假设，并构建了顾客知识共享影响因素模型。

（2）根据顾客知识共享影响因素的研究假设和研究模型设计了调查问卷，通过网络调查和现场调查两种方式对问卷进行发放与回收，在获得研究数据后运用 SPSS 软件对样本的信度和效度进行检验，并运用 AMOS 软件对研究模型进行结构方程检验，对模型的拟合程度和路径系数进行了分析，从而对顾客知识共享影响因素模型进行了验证。

（3）运用演化博弈相关理论对顾客知识共享的决策行为进行了分析，构建了顾客知识共享的决策模型，并运用 MATLAB 软件对决策模型进行了仿真分析，重点分析了知识共享成本、知识共享收益、收益分配系数和知识储备量的变化对演化进程的影响。

（4）结合超网络相关理论构建了顾客知识共享超网络模型，包含了知识网络、顾客网络和企业网络三个子网络，从知识共享的准备阶段、实施阶段、整合阶段、创新阶段和维护阶段对知识共享的过程进行了分析，在此基础上运用 NetLogo 软件对该超网络模型进行了仿真分析。

（5）从共享知识结构的角度分析了顾客知识共享的激励机制，构建了信息对称和信息不对称情况下的顾客知识共享激励机制模型，并分析了显性知识和隐性知识比例的变化对顾客知识共享努力水平和收益分配系数的影响。

本书的创新点主要体现在以下几个方面：

（1）以顾客与企业间的知识共享为研究背景，在已有研究的基础上将顾客忠诚度和知识特性纳入影响因素模型中，并且证实了知识特性并不会影响顾客的知识共享成本，丰富了知识共享影响因素领域的研究。

（2）运用演化博弈理论对顾客知识共享的决策模型进行了分析，分析了知识储备量的差异对知识共享演化进程的影响，丰富了知识共享决策机制领域的研究。

（3）构建了包含知识子网络、顾客子网络和企业组织子网络的顾客知识共享超网络模型，为知识共享运行机制的研究提供了一种新方法，通过 NetLogo 仿真验证了顾客知识共享能力、知识创新能力和顾客忠诚度的提升能够不同程度地加快企业知识创新进程，并发现了参与知识共享的顾客的数量会影响企业知识创新的效率。

（4）从共享知识组成结构的角度对顾客知识共享激励机制进行了研究，已有研究将共享的知识假定为显性知识或隐性知识，本书在此基础上将共享的知识假设为显性知识和隐性知识的综合体，并且分析了知识组成结构对知识共享努力水平和收益共享比例的影响，为知识共享激励机制的研究提供了一种新视角。

本书的研究虽然取得了一定的成果，但对有些问题的研究仍存在一定的局限性，需要进一步地深入研究，具体包括以下几个方面：

（1）对顾客知识共享影响因素的研究。本书主要从知识共享主体、知识共享客体和知识共享环境三个层面对知识共享的影响因素进行了研究，后续的研究可从其他角度和维度进行补充研究。

（2）对顾客知识共享运行机制的研究。本书假设知识共享接受方从知识提供者名单中随机选择一名发送知识共享请求，且知识提供方不能拒绝知识共享接受方的知识共享请求，并没有考虑知识提供方拒绝知识共享请求情况下对知识共享进程的影响，后续的研究也可以分析不同共享机制对知识共享进程的影响，例如知识共享接受方可以从知识提供者名单中选取顾客忠诚度最高、互动程度最高、与知识关联程度最高的知识提供方发送知识共享请求，而不是随机选择一名发送知识共享请求。

（3）对顾客知识共享激励机制的研究。由于顾客的知识共享行为可发生于价值创造活动的多个阶段，可以根据顾客参与阶段对顾客知识共享激励机制进行进一步分析。同时，由于顾客共享知识的结构会影响顾客的努力水平及收益分配系数，后续的研究应制定相应的指标体系对共享知识中显性知识和隐性知识的比例进行科学的评估。

参 考 文 献

[1] Heinonen K, Strandvik T, Mickelsson K, et al. A Customer-dominant Logic of Service[J]. Journal of Service Management, 2010, 21(4): 531-548.

[2] 张祥,陈荣秋. 竞争优势的新来源:与顾客共创价值[J]. 管理工程学报,2009（4）：14-19.

[3] 刘臣,单伟,于晶. 组织内部知识共享的类型及进化博弈模型[J]. 科研管理,2014,35（2）：145-153.

[4] 马嘉隆. 习近平在北京大学考察并发表重要讲话[EB/OL]. （2018-05-02）[2018-07-28]. http://www.81.cn/sydbt/2018-05/02/content_8021521_2.htm.

[5] 曹昆. 习近平总书记在全国科技创新大会、两院院士大会、中国科协九大上的重要讲话引起强烈反响[EB/OL]. （2016-05-31）[2018-07-28]. http://politics.people.com.cn/n1/2016/0531/c1001-28396092.html.

[6] 和金生,熊德勇. 知识管理应当研究什么[J]. 科学学研究,2004,22（2）：70 -75.

[7] 王莉,罗瑾琏. 产品创新中顾客参与程度与满意度的关系——基于高复杂度产品的实证研究[J]. 科研管理,2012,33（12）：1-9.

[8] 王新新,万文海. 消费领域共创价值的机理及对品牌忠诚的作用研究[J]. 管理科学,2012,25（5）：52-65.

[9] Rishika R, Ashish K, Ramkumar J, et al. The Effect of Customers' Social Media Participation on Customer Visit Frequency and Profitability: An Empirical Investigation[J]. Information Systems Research, 2013, 24(1): 108-127.

[10] Todd M, Michael O, Sergey A. Customer Participation and New Product Performance: Towards the Understanding of the Mechanisms and Key Contingencies[J]. Research Policy, 2018(47): 498-510.

[11] Nambisan S. Designing Virtual Customer Environments for New Product Development: Toward a Theory[J]. Academy of Management Review, 2002, 27(3): 392-413.

[12] Chang W, Taylor S A. The Effectiveness of Customer Participation in New Product Development: A Meta-Analysis[J]. Journal of Marketing A Quarterly Publication of the American Marketing Association, 2016, 80: 47-64.

[13] 张红琪, 鲁若愚. 顾客知识管理对服务创新能力影响的实证研究[J]. 科学学与科学技术管理, 2012, 33 (8): 66-73.

[14] 陈漫. 顾客参与对高科技企业突破式创新的影响研究[J]. 科研管理, 2018, 39 (9): 52-58.

[15] 李守伟. 知识转移对企业创新能力的影响研究——网络中心性的调节作用[J]. 科技管理研究, 2018 (18): 164-171.

[16] Ardichvilia. Learning and Knowledge Sharing in Virtual Communities of Practice-motivators, Barriers, and Enablers[J]. Advances in Developing Human Resources, 2008, 10(4): 541-554.

[17] Wei W, Jun W, Chen X Y, et al. Psychological Contract Model for Knowledge Collaboration in Virtual Community of Practice: An Analysis Based on the Game Theory[J]. Applied Mathematics and Computation, 2018(329): 175-187.

[18] Lin H F, Lee H S, Wang D W. Evaluation of Factors Influencing Knowledge Sharing Based on a Fuzzy AHP Approach[J]. Journal of Information Science, 2009, 35(1): 25-44.

[19] Vathsala W, Ruvini W. Effects of Interpersonal Trust, Team Leader Support, Rewards, and Knowledge Sharing Mechanisms on Knowledge Sharing in Project Teams[J]. The Journal of Information and Knowledge Management Systems, 2012, 42(2): 214-236.

[20] Zhao Y F, Li Y, Hean T K. The Effects of Employee Behaviours on Customer Participation in the Service Encounter The Mediating Role of Customer Emotions[J]. European Journal of Marketing, 2018, 52(6): 1203-1222.

[21] Yuen L B, Pok M T, Ruodan S, et al. Ethical Leadership and Employee

Knowledge Sharing: Exploring Dual-mediation Paths[J]. The Leadership Quarterly, 2018, 29: 322-332.

[22] Zhang P, Ng F F. Explaining Knowledge-Sharing Intention in Construction Teams in Hong Kong[J].Journal of Construction Engineering and Management, 2013, 139(3): 280-293.

[23] Kukko M. Knowledge Sharing Barriers in Organic Growth: A Case Study From a Software Company[J]. The Journal of High Technology Management Research, 2013, 24(1): 18-29.

[24] Yujong H, Hui L, Donghee S. Knowledge System Commitment and Knowledge Sharing Intention: The Role of Personal Information Management Motivation[J]. International Journal of Information Management, 2018(39): 220-227.

[25] Jongsoon P, Joseph L, Gabbard. Factors that Affect Scientists' Knowledge Sharing Behavior in Health and Life Sciences Research Communities: Differences between Explicit and Implicit Knowledge[J]. Computers in Human Behavior , 2018(78): 326-335.

[26] Nonaka I. A Dynamic Theory of Organizational Knowledge Creation[J]. Organization Science, 1994, 5(1): 14-37

[27] Gilbert M, Martyn C H. Understanding the Process of Knowledge Transfer to Achieve Successful Technological Innovation[J]. Technovation, 1996, 16(6): 301-312.

[28] Szulanski G. The Process of Knowledge Transfer: A Diachronic Analysis of Stickiness[J]. Organizational Behavior and Human Decision, 2000, 82(1): 9-27.

[29] Garavelli A C, Gorgoglione M, Scozzi B. Managing Knowledge Transfer by Knowledge Technologies[J]. Technovation, 2002, 22: 269-279.

[30] Iris R, Jacob W. Going beyond Technology: Knowledge Sharing as a Tool for Enhancing Customer-oriented Attitudes[J]. International Journal of Information Management, 2009(29): 353-361.

[31] Youjae Y, Taeshik G. Customer Value Co-Creation Behavior: Scale Development and Validation[J]. Journal of Business Research, 2013(66): 1279-1284.

[32] Wang Y G, Wu J F, Yang Z L. Customer Participation and Project Performance: The Mediating Role of Knowledge Sharing in the Chinese Telecommunication Service Industry[J]. Journal of Business-to-Business Marketing, 2013, 20: 227-244.

[33] Ho, Hillbun, Shankar G, et al. Does Knowledge Base Compatibility Help or Hurt Knowledge Sharing Between Suppliers in Competition? The Role of Customer Participation[J]. Journal of Marketing, 2013, 77: 91-107.

[34] Chih-Cheng V C, Chen C J. The Role of Customer Participation for Enhancing Repurchase Intention[J]. Management Decision, 2017, 55(3): 547-562.

[35] Guan X H, Xie L S, Huan T C. Customer Knowledge Sharing, Creativity and Value Co-creation: A Triad Model of Hotels, Corporate Sales Employees and Their Customers[J]. International Journal of Contemporary Hospitality Management, 2018, 30(2): 961-979.

[36] Cassandra F, Debra G, Bill M, et al. Customer Brand Co-creation Behavior: Conceptualization and Empirical Validation[J]. Marketing Intelligence & Planning, 2018, 36(3): 334-348.

[37] 王磊, 程钧谟. 供应链企业间的知识共享过程模型[J]. 山东理工大学学报（自然科学版）, 2010, 24（1）: 85-88.

[38] 冯长利, 李天鹏, 兰鹰. 意愿对供应链知识共享影响的实证研究[J]. 管理评论, 2013, 25（3）: 126-134.

[39] 李景峰, 任煦, 毋江波. 社会化媒体对供应链知识共享影响的理论探索[J]. 情报理论与实践, 2016, 39（9）: 14-18.

[40] 刘蕤, 田鹏, 王伟军.中国文化情境下的虚拟社区知识共享影响因素实证研究[J].情报科学, 2012, 30（6）: 866-872.

[41] 李金阳. 社会交换理论视角下虚拟社区知识共享行为研究[J]. 情报科学, 2013, 31（4）: 119-123.

[42] 龚主杰, 赵文军, 熊曙初. 基于感知价值的虚拟社区成员持续知识共享意愿研究[J]. 图书与情报, 2013（5）: 89-94.

[43] 黄维, 赵鹏. 虚拟社区用户知识共享行为影响因素研究[J]. 情报科学,

2016，34（4）：68-73.

[44] 王学东. 虚拟团队知识共享机理与实证研究[D]. 武汉：武汉大学，2011：64-181.

[45] 王海花，蒋旭灿，谢富纪. 开放式创新模式下组织间知识共享影响因素的实证研究[J]. 科学学与科学技术管理，2013，34（6）：83-90.

[46] 商淑秀，张再生. 虚拟企业知识共享演化博弈分析[J]. 中国软科学，2015（3）：150-157

[47] 韩国元，陈伟，张国营. 基于 SEM 的高校科研团队知识共享影响因素研究[J]. 情报科学，2014，32（10）：118-123.

[48] 胡刃锋，刘国亮. 移动互联网环境下产学研协同创新隐性知识共享影响因素实证研究[J]. 图书情报工作，2015，59（7）：48-54.

[49] 李志宏，赖文娣，白雪. 高校科研团队隐性知识共享的系统动力学分析[J]. 管理学报，2012，9（10）：1495-1504.

[50] 于娱，施琴芬，朱卫未. 高校科研团队内部隐性知识共享绩效实证研究[J]. 科学学与科学技术管理，2013，34（10）：21-30.

[51] 王娟. 组织内部知识共享过程中的影响因素分析[J]. 情报科学，2012，30（7）：993-998.

[52] 金辉. 内、外生激励因素与员工知识共享：挤出与挤入效应[J]. 管理科学，2013，26（3）：31-44.

[53] 赵君. 人格特质对知识共享的影响：以组织信任为中介变量[J]. 情报理论与实践，2013，36（5）：34-39.

[54] 魏道江，李慧民，康承业. 基于解释结构模型的知识共享影响因素分析[J]. 情报科学，2015，33（7）：92-97.

[55] 黄芳，马剑虹，霍荣棉，等. 企业员工知识共享的理性行为模型[J]. 科研管理，2010，31（3）：120-126.

[56] 张爽，乔坤，汪克夷. 知识共享及其影响因素的实证研究[J]. 理论与探索，2008，31（4）：502-506.

[57] 汪永星，赵西萍，周密，等. 人际信任、知识特性在知识转移作用机制中的调节效应研究[J]. 软科学，2012，26（9）：24-29.

[58] 喻登科，李亚平，周荣. 基于社会心理的隐性知识共享模型[J]. 情报理论与实践，2014，37（11）：61-66.

[59] 代宝，刘业政. 虚拟社区知识共享的实证研究综述[J]. 情报杂志，2014，33（10）：201-206.

[60] 倪国栋，黄付帅，杜月，等. 工程管理组织内部知识共享影响因素的实证研究[J]. 工程管理学报，2015，29（6）：27-32.

[61] 万晨曦，郭东强. 虚拟社区知识共享研究综述[J]. 情报科学，2016（8）：165-170.

[62] 蒋晴波，徐森. 知识共享主要影响因素研究的文献综述[J]. 企业管理，2017（12）：102-106.

[63] 王开明，万君康. 论知识的转移与扩散[J]. 外国经济与管理，2000，25（10）：2-7.

[64] 徐金发，许强，顾惊雷. 企业知识转移的情境分析模型[J]. 自然辩证法通讯，2003，25（2）：51-56.

[65] 王兆祥. 知识转移过程的层次模型[J]. 中国管理科学，2006，14（3）：122-127.

[66] 徐锐，黄丽霞. 基于知识链理论的虚拟团队知识共享模型研究[J]. 情报科学，2010，28（8）：1156-1159.

[67] 李颖，王亚民. 基于信任机制的复杂网络知识共享模型研究[J]. 情报理论与实践，2014，37（8）：79-83.

[68] 戴勇，胡明溥. 产学研伙伴异质性对知识共享的影响及机制研究[J]. 科学学与科学技术管理，2016，37（6）：66-79.

[69] 黄家良，谷斌. 基于大数据的虚拟社区知识共享模式及体系架构研究[J]. 情报理论与实践，2016，39（2）：93-107.

[70] 林焜，彭灿. 基于加权小世界网络模型的供应链知识共享研究[J]. 技术经济与管理研究，2009（1）：38-40.

[71] 程钧谟，王磊，王玉秀. 供应链企业间知识共享的复杂网络特征分析[J]. 中国管理信息化，2012，15（17）：78-80.

[72] 葛宝山，崔月慧. 基于社会网络视角的新创企业知识共享模型构建[J]. 情

报科学，2018，36（2）：153-157.

[73] 王磊. 基于复杂网络的供应链企业间知识共享研究[D]. 淄博：山东理工大学，2010：19-47.

[74] 汪孟艳. 基于小世界网络的产学研合作知识共享博弈研究[J]. 现代商业，2013，15（1）：175-177.

[75] 陈磊. 供应链知识管理模型及知识共享问题研究[D]. 西安：西北大学，2008：29-41.

[76] 翁莉，仲伟俊. 供应链知识共享行为的博弈分析[J]. 统计与决策，2008（3）：73-76.

[77] 陈果，齐二石，刘亮. 基于风险态度的企业知识共享动态博弈分析[J]. 科学学与科学技术管理，2015，36（6）：46-55.

[78] 周勇士. 供应链知识共享研究[D]. 武汉：武汉大学，2005：34-60.

[79] 张淼淼. 在供应链环境下企业的知识管理及知识共享研究[D]. 大连：东北财经大学，2007：19-43.

[80] 涂静. 科研合作网络中知识共享的演化研究[J]. 情报理论与实践，2018，41（2）：39-45.

[81] 翁莉. 基于 Logistics 模型的供应链知识共享过程及主要影响因素研究[J]. 科学学与科学技术管理，2012，33（11）：79-87.

[82] 邵波，胡元蛟. 基于社会网络的知识创新与共享模型构建与分析[J]. 情报杂志，2011，30（12）：135-139.

[83] 马轶德，张旭梅，陈伟等. 考虑监控信号的供应链知识共享激励机制研究[J]. 管理学报，2012，9（12）：1838-1841.

[84] 李倩，程刚. 企业隐性知识共享模型研究[J]. 情报理论与实践，2014，37（1）：100-104.

[85] 魏道江，李慧民，康承业. 组织内部知识共享激励机制研究——基于知识接受者评价模式[J]. 科学学与科学技术管理，2014，35（7）：23-30.

[86] 林陵娜，吴宇蒙，周咏馨，等. 基于知识位势的组织知识共享激励机制研究[J]. 苏州科技大学学报（社会科学版），2018，25（3）：17-24.

[87] 沈娜利，沈如逸，肖剑，等. 大数据环境下供应链客户知识共享激励机制

研究[J]. 统计与决策，2018（10）：36-41.

[88] 林陵娜，吴宇蒙. 自然状态负效用下项目型组织知识共享激励机制[J]. 系统工程，2018，36（3）：129-135.

[89] 来尧静，宋秀林，姚山季. 顾客参与企业产品创新过程中的知识共享博弈分析[J]. 南京工业大学学报（社会科学版），2015，14（3）：112-117.

[90] Ramirez R. Value Co-production: Intellectual Origins and Implications for Practice and Research[J]. Strategic Management Journal, 1999, 20(1): 49-65.

[91] Prahalad C K, Ramaswamy V. Co-opting Customer Competence[J]. Harvard Business Review, 2000, 78(1): 79-87.

[92] Payne A F, Storbacka K, Frow P. Managing the Co-creation of Value[J]. Journal of the Academy of Marketing Science, 2008, 36(1): 83-96.

[93] 贾薇，张明立，王宝. 服务业中顾客参与对顾客价值创造影响的实证研究[J]. 管理评论，2011，23（5）：61-69.

[94] 张红琪，鲁若愚. 服务企业顾客参与对员工创新行为的影响研究[J]. 科研管理，2013，34（3）：99-105.

[95] Vargo S L, Lusch R F. Service-dominant Logic: Continuing the Evolution[J]. Journal of the Academy of Marketing Science, 2008, 6(1): 1-10.

[96] 安静. 知识密集型服务系统的服务价值共创实现模式研究[D]. 长春：吉林大学，2010：36-96.

[97] Nambisan S. Designing Virtual Customer Environments for New Product Development: Toward a Theory[J]. The Academy of Management Review, 2002, 27(3): 392-413.

[98] Fang E, Pamaltier R W, Evans K R. Influence of Customer Participation on Creating and Sharing of New Product Value[J]. The Academy of Marketing Science. 2008, 36 (3): 322-336.

[99] Fang E. Customer Participation and the Trade-off between New Product Innovativeness and Speed to Market[J]. Jourhul of Marketing, 2008, 72 (6): 90-104.

[100] Fang E, Palmatier R W, Grewal R. Effects of Customer and Innovation Asset

Configuration Strategies on Firm Performance[J]. Journal of Marketing Research, 2011,48 (3): 587-602.

[101] Gronroos C. Service-dominant Logic Revisited: Who Creates Value and Who Co-creates? [J]. European Business Review, 2008, 20(4): 298-314.

[102] Prahalad C K, Ramaswamy V. Co-creating Unique Value with Customers[J]. Strategy ＆ Leadership, 2004, 32(3): 4-9.

[103] Prahalad C K, Ramaswamy V. Co-creation Experiences: The Next Practice in Value Creation[J]. Journal of Interactive Marketing, 2004,18 (3): 5-14.

[104] Ramaswamy V. Leading the Transformation to Co-creation of Value[J]. Strategy ＆ Leadership, 2009, 37(2): 32-37.

[105] Heinonen K, Strandvik T, Mickelsson K, et al. A Customer-dominant Logic of Service[J]. Journal of Service Management, 2010, 21(4): 531-548.

[106] 陈少霞. 价值共创模式下的顾客赢利性测量与管理[D]. 广州：广东工业大学，2014：28-76.

[107] Payne A F, Storbacka K, Frow P. Managing the Co-creation of Value[J]. Journal of the Academiy of Marketing Science, 2008, 36(1): 83-96.

[108] 钟振东，唐守廉，Pierre V. 基于服务主导逻辑的价值共创研究[J]. 软科学，2014，28（1）：31-35.

[109] 牛振邦，白长虹，张辉. 基于互动的价值共创研究[J]. 企业管理，2015（1）：118-120.

[110] Ives B, Olson H. User Involvement and MIS Success: A Review of Research[J]. Management Science, 1984, 30(5): 586-603.

[111] Kaulio M A. Customer and User Involvement in Product Development: A Framework and a Review of Selected Methods[J]. Total Quality Management, 1998, 9(1): 141-149.

[112] Kelley P, Fisk R. Participating the Service Encounter: A Theoretical Framework: Service Marketing in a Changing Environment[M]. Chicago: American Marketing Association, 1985: 117-121.

[113] Hollebeek L D. Exploring Customer Brand Engagement: Definition and

Themes[J]. Journal of Strategic Marketing, 2011, 19(7): 555-573.

[114] Kellogg D L, Youngdahl W E Bowen D E. On the Relationship between Customer Participation and Satisfaction: Two Frameworks[J]. International Journal of Service Industry Management.1997, 8(3): 206-219.

[115] Ennew C, Binkes M R. Impact of Participative Service Relationships on Quality, Satisfaction and Retention: An Exploratory Study[J]. Journal of Business Research. 1999,46: 121-132.

[116] 彭艳君. 顾客参与量表的构建和研究[J]. 管理评论，2010，22（3）：78-85.

[117] Bettencourt L A. Customer Voluntary Performance: Customers as Partners in Service Delivery[J]. Journal of Retailing, 1997, 73(3): 383-406.

[118] Claycomb C, Lengnick H, Inks L. The Customer as a Productive Resource: A Pilot Study and Strategic Implications[J]. Journal of Business Strategies, 2001, 18(1): 47-68.

[119] Lloyd A E. The Role of Culture on Customer Participation in Service[D]. Hong Kong: The Hong kong Polytechnic University, 2003: 25-70.

[120] 吕瑛. 顾客参与、授权及顾客认同对角色外行为的影响研究[D]. 广州：暨南大学，2012：45-101.

[121] 曹花蕊，郑秋莹，韦福祥. 基于多视角的顾客参与行为分类[J]. 现代管理科学，2013（3）：41-44.

[122] Bitner M J, Faranda W T, Hubbert A R, et al. Customer Contributions and Roles 193 Customer Contributions and Roles in Service Delivery[J]. International Journal of Service Industry Management, 1997, 8(3): 193-205.

[123] Gouthier M, Schmid S. Customers and Customer Relationships in Service Firms: The Perspective of the Resource-based View[J]. Marketing Theory, 2003, 3(1): 119-143.

[124] Bruhn M，Georgi D.服务营销——服务价值链的卓越管理[M]. 王永贵，译. 北京：化学工业出版社，2009.

[125] Groth M. Customers as Good Soldiers: Examining Citizenship Behaviors in

Internet Service Deliveries[J]. Journal of Management, 2005, 31(1): 7-27.

[126] Yi Y, Nataraajan R, Gong T. Customer Participation and Citizenship Behavioral Influences on Employee Performance, Satisfaction, Commitment, and Turnover Intention[J]. Journal of Business Research, 2011, 64(1): 87-95.

[127] Yi Y, Gong T. Customer Value Co-creation Behavior: Scale Development and Validation[J]. Journal of Business Research, 2013, 66(9): 1279-1284.

[128] Lee J N. The Impact of Knowledge Sharing, Organizational Capability and Partnership Quality on IS Outsourcing Success[J]. Information & Management, 2001, 38(5): 323-335.

[129] Alavi M, Leidner D E. Review: Knowledge Management and Knowledge Management Systems: Conceptual Foundations and Research Issues[J]. MIS Quarterly, 2001, 25(1): 107-136.

[130] Connelly C E, Kelloway E I. Predictions of Employees' Perceptions of Knowledge Sharing Cultures[J]. Leadership & Organization Development Journal, 2003, 24(3): 294-301.

[131] 安世虎, 周宏, 赵全红.知识共享的过程和背景模型研究[J]. 图书情报工作, 2006, 50（10）: 79- 86.

[132] 杜占河, 张新元, 朱晓明, 等. 基于共享途径分析的知识共享机制研究[J]. 科技进步与对策, 2009, 26（14）: 14-117.

[133] 徐扬. 虚拟科研组织中的知识共享管理[J]. 科技进步与对策, 2010, 27（5）: 97- 102.

[134] 何会涛. 知识共享有效性研究: 个体与组织导向的视角[J]. 科学学研究, 2011, 29（3）: 403- 412.

[135] Hendriks P. Why Share Knowledges? The Influence of ICT on the Motivation for Knowledge Sharing[J]. Knowledge and Process Management, 1999, 6(2): 91-136.

[136] 许树沛, 孙鸣. 组织网络化: 实现企业内部知识共享的重要途径[J]. 经济与社会发展, 2003, 1（6）: 66- 67.

[137] 李光生, 张韬, 黄介武. 协作文化与领导角色对知识共享的影响作用研究

[J]. 科技进步与对策，2009，26（10）：104-108.

[138] 路琳，陈晓荣. 人际和谐取向对知识共享行为的影响研究[J]. 管理评论，2011，23（1）：68- 74.

[139] 樊平军. 论组织知识共享障碍及治疗[J]. 科学管理研究，2003，21（6）：93- 95，108.

[140] 李久平,陈忠林,顾新. 学习型组织中的知识共享模型[J]. 图书情报工作，2004，48（7）：33-36.

[141] 孟鲁洋，张胜军，李国平. 企业知识与知识共享对策研究[J]. 科技情报开发与经济，2005，15（3）：212- 213.

[142] 樊治平，欧伟，冯博，等. 组织知识共享能力的测评与识别方法[J]. 科研管理，2008，29（2）：61- 66，43.

[143] 张可军,廖建桥,文鹏. 学习型组织中知识共享的智障及治理策略研究[J]. 管理学报，2009，6（5）：580- 586.

[144] Davernport T, Pruask L. Working Knowledge: How Organizations Manage What They Know[J]. Engineering Management Review, 2003, 31(4): 137-141.

[145] 董晓霞. 云环境下跨组织知识共享机制研究[D]. 北京：北京邮电大学，2015：126-130.

[146] Nonaka I, Takeuchi H. The Knowledge-Creating Company[M]. New York: Oxford University Press, 1995: 65-89.

[147] Blackler F. Knowledge, Knowledge Work and Organizations: An Overview and Interpretation[J]. Organization Studies, 1995, 16(6): 77-81.

[148] OECD. The Knowledge-based Economy[M]. Paris: OECD, 1996: 12.

[149] Blankenship S, Ruona W E A. Exploring Knowledge Sharing in Social Structures: Potential Contributions to an Overall Knowledge Management Strategy[J]. Advances in Developing Human Resources, 2009, 11(3): 290-306.

[150] Beckmann M J. Economic Models of Knowledge Networks[J]. Networks in Action, 1995(3): 159-174.

[151] 姜照华，隆连堂，张米尔. 产业集群条件下知识供应链与知识网络的动力学模型探讨[J]. 科学学与科学技术管理，2004，25（7）：55-60.

[152] 马德辉，包昌火. 企业知识网络探析[J]. 情报理论与实践，2007，30（6）：737-741.

[153] 刘向，马费成，陈潇俊，等. 知识网络的结构与演化——概念与理论进展[J]. 情报科学，2011，29（6）：801-809.

[154] 刘臣，张庆普，单伟. 组织内部知识网络中的知识共享进化博弈分析[J]. 系统管理学报，2011（3）：219-224.

[155] 高继平，丁堃，潘云涛，等. 国内外知识网络研究现状分析[J]. 情报理论与实践，2015，38（9）：120-125.

[156] Sheffi Y. Urban Transportation Networks: Equilibrium Analysis with Mathematical Programming Methods[M]. NJ: Printice-Hall,1985:35-47.

[157] Nagurney A, Dong J. Super- networks: Decision Making for the Information Age[M]. Cheltenham: Edward Elgar Publishing, 2002: 278-312.

[158] 王众托，王志平. 超网络初探[J]. 管理学报，2008，5（1）：1-8.

[159] 王众托. 关于超网络的一点思考[J]. 上海理工大学学报，2011，33（3）：229-236.

[160] 乐承毅，徐福缘，顾新建，等. 复杂产品系统中跨组织知识超网络模型研究[J]. 科研管理，2013，34（2）：128-135.

[161] 席运江，党延忠，廖开际. 组织知识系统的知识超网络模型及应用[J]. 管理科学学报，2009，12（3）：12-21.

[162] 徐升华，邹宏. 基于超网络模型的知识转移动力分析[J]. 情报杂志，2011，30（7）：94-98.

[163] 廖开际，叶东海，吴敏. 组织知识共享网络模型研究——基于知识网络和社会网络[J]. 科学学研究，2011，29（9）：1356-1364.

[164] 唐洪婷，李志宏，秦睿. 基于超网络的大众协同创新社区用户知识模型研究[J]. 管理学报，2017，14（6）：859-867.

[165] 马涛，郭进利，何红英，等. 基于超网络的企业科技创新团队知识共享机制研究[J]. 情报科学，2017，35（12）：120-128.

[166] Albino V, Garavelli A C, Schiuma G. Knowledge Transfer and Inter-firm Relationship in Industrial Districts: The Tole of the Leader Firm[J].

Technovation, 1999(19): 53-63.

[167] Mc L S, Paton R A, Macbeth D K. Barrier Impact on Organizational Learning within Complex Organizations[J]. Journal of Knowledge Management, 2008, 12(2): 107-123.

[168] 丁诚. 基于组织知识共享的障碍及策略[J]. 管理现代化, 2008（1）：35-36.

[169] 朱玉洁. 虚拟组织知识共享影响因素分析及其有序共享策略[J]. 商业时代, 2012（13）：96-97.

[170] 王海花, 蒋旭灿, 谢富纪. 开放式创新模式下组织间知识共享影响因素的实证研究[J]. 科学学与科学技术管理, 2013, 34（6）：83-90.

[171] Jeon S H, Kim Y G, Joon K. An Integrative Model for Knowledge Sharing in Communities-of-practice[J]. Journal of Knowledge Management, 2011, 15(2): 251-269.

[172] Wu Y, Zhu E D. An Integrated Theoretical Model for Determinants of Knowledge Sharing Behaviors[J]. Kybernetes, 2012, 41(10): 1462-1482.

[173] Yang H L, Ted C T Wu. Knowledge Sharing in an Organization[J]. Technological Forecasting and Social Change, 2008, 75(6): 1128-1156.

[174] 姜文. 知识共享的障碍因素及其对策分析[J]. 科技管理研究, 2007（3）：200-203.

[175] 王玖河, 刘琳. 顾客参与价值共创机理研究——基于结构方程模型的量化分析[J]. 企业经济, 2017（2）：73-81.

[176] 石艳霞. SNS 虚拟社区知识共享及其影响因素研究[D]. 山西：山西大学, 2005：61-112.

[177] 冯长利. 供应链知识共享影响因素研究[D]. 大连：大连理工大学, 2011：21-117.

[178] Cohen W M, Levinthal D A. Absorptive Capacity: A New Perspective on Learning and Innovation[J]. Administrative Science Quarterly, 1990, 35(1): 128-152.

[179] Zara S A, George G. Absorptive Capacity: A Review and Reconceptualization

[J]. Academy of Management Proceeding, 2002, 27(2): 185-203.

[180] 王三义，谢铁山. 企业间知识转移影响要素分析[J]. 中州学刊，2007（2）：58-60.

[181] 张敏，郑伟伟. 基于信任的虚拟社区知识共享研究综述[J]. 情报理论与实践，2015，38（3）：138-144.

[182] Andrews K M, Delahaye B L. Influences on Knowledge Processes in Organizational Learning: the Psychosocial Filter[J]. Journal of Management Studies, 2000(37):797-810.

[183] Lu L, Leung K, Koch P T. Managerial Knowledge Sharing: The Role of Individual, Interpersonal and Organizational Factors[J]. Management and Organization Review, 2006, 2(1): 15-41.

[184] Lin C P. To Share or Not to Share: Modeling Tacit Knowledge Sharing, Its Mediators and Antecedents[J]. Journal of Business Ethics, 2007, 70(4): 411-428.

[185] Soonhee K, Hyangsoo L. The Impact of Organizational Context and Information Technology on Employee Knowledge-sharing Capabilities[J]. Public Administration Review, 2006, 7(5): 370-385.

[186] Birgit R. Trust in Management and Knowledge Sharing: The Mediating Effects of Fear and Knowledge Documentation[J]. The International Journal of Management Science, 2008(36): 206-220.

[187] Usoro A, Sharratt M W, Tsui E, et al. Trust as an Antecedent to Knowledge Sharing in Virtual Communities of Practice[J]. Knowledge Management Research & Practice, 2007, 5(3): 199-212.

[188] 雷雪，焦玉英，陆泉，等. 基于社会认知论的 Wiki 社区知识共享行为研究[J]. 现代图书情报技术，2008（2）：30-34.

[189] Zhang Y X, Fang Y L, Wei K K, et al. Exploring the Role of Psychological Safety in Promoting the Intention to Continue Sharing Knowledge in Virtual Communities[J]. International Journal of Information Management, 2010, 30 (5): 425-436.

[190] Mukherji S. Knowledge Management Strategy in Software Services Organizations: Straddling Codification and Personalization[J]. IIMB Management Review, 2005, 17, 33-39.

[191] Teece D J. Strategies for Managing Knowledge Assets: The Role of Firm Structure and Industrial Context[J]. Long Range Planning, 2000, 33(1): 35-54.

[192] 谢卫红,屈喜凤,李忠顺,等. 知识共享国内研究综述[J]. 现代情报,2014, 34（4）：170-175.

[193] 宋志红,陈澍,范黎波. 知识特性、知识共享与企业创新能力关系的实证研究[J]. 科学学研究, 2010, 28（4）：597-604.

[194] 叶瑞克. 知识的稀缺性分析——从知识经济背景下创新性知识生产的角度[J]. 消费导刊, 2008（5）：172.

[195] 钟义信. 知识论：核心问题——信息-知识-智能的统一理论[J]. 电子学报, 2001, 29（4）：526-530.

[196] Drucker P F. The New Productivity Challenge[J]. Harvard Business Review, 1991(11): 70-78.

[197] 战培志,廖文和. 企业知识管理中的知识共享建模技术[J]. 华南理工大学学报（自然科学版）, 2005, 33（7）：61-66.

[198] 樊治平,孙永洪. 知识共享研究综述[J]. 管理学报, 2006, 3（3）：371-378.

[199] Dyer J H, Nobeoka K. Creating and Managing a High-performance Knowledge-sharing Network: The Toyota Case[J]. Strategic Management Journal, 2000, 21(3): 345-367.

[200] Currie G, Kerrin M. Human Resource Management and Knowledge Management: Enhancing Knowledge Sharing in a Pharmaceutical Company[J]. The International Journal of Human Resource Management, 2003, 14(6): 1027-1045.

[201] Zhou T. Understanding Online Community User Participation: A Social Influence Perspective[J]. Internet Research, 2011, 21(1): 67-81.

[202] King W, Marks P Jr. Motivating Knowledge Sharing through a Knowledge

Management System[J]. Omega: International Journal of Management Science, 2008, 36(1): 131-146.

[203] Dixon N. Common knowledge: How Company Thrive by Sharing What[M]. Boston: Harvard Business Press, 2002: 15-35.

[204] 杨振华，施琴芬. 高校隐性知识共享的机会成本分析[J]. 科技管理研究，2007，27（5）：234-236.

[205] Gagné M. A Model of Knowledge-sharing Motivation[J]. Human Resource Management, 2009, 48(4): 571-589.

[206] Siemsen E, Roth A V, Balasubramanian S. How Motivation, Opportunity, and Ability Drive Knowledge Sharing: The Constraining Factor Model[J]. Journal of Operations Management, 2008, 26(3): 426-445.

[207] 孔庆杰，王红波. 知识共享障碍及策略分析[J]. 情报科学，2008，26（9）：1328-1330.

[208] 魏庆刚. 顾客参与价值共创影响机理研究[D]. 天津：天津大学，2013：24-45.

[209] 张旭梅，陈伟，张映秀. 供应链企业间知识共享影响因素的实证研究[J]. 管理学报，2009，6（10）：1296-1301.

[210] Gian C, Karen L, Mark L. Knowledge Sharing: Influences of Trust, Commitment and Cost[J]. Journal of Knowledge Management, 2012, 16(5): 740-753.

[211] He W, Wei K K. What Drives Continued Knowledge Sharing? An Investigation of Knowledge-contribution and Seeking Beliefs[J]. Decision Support Systems, 2009, 46(4): 826-838.

[212] Devon J, Kent G. Cognitive and Affective Trust in Service Relationships[J]. Journal of Business Research, 2005, 58(4): 500-507.

[213] 瞿敏. 顾客参与行为对顾客公民行为的影响研究[D]. 沈阳：东北大学，2014：70-73.

[214] 韩国元. 高校科研团队知识共享研究[D]. 哈尔滨：哈尔滨工程大学，2012：122-124.

[215] 胡刃锋. 产学研协同创新隐性知识共享影响因素及运行机制[D]. 长春：吉林大学，2015：169-172.

[216] Malik M A R, Butt A N, Choi J N. Rewards and Employee Creative Performance: Moderating Effects of Creative Self-efficacy, Reward Importance, and Locus of Control[J]. Journal of Organizational Behavior, 2015, 36 (1): 59-74.

[217] Hsu M H, Ju T L, Yen C H, et al. Knowledge Sharing Behavior in Virtual Communities: The Relationship between Trust, Self-efficacy, and Outcome Expectation[J]. International Journal of Human-Computer Studies, 2007(65): 153-169.

[218] 张祥，陈荣秋. 顾客参与链：让顾客与企业共同创造竞争优势[J]. 管理评论，2006，18（1）：51-36.

[219] Hsu I C. Enhancing Employee Tendencies to Share Knowledge-Case Studies of Nine Companies in Taiwan[J]. International Journal of Information Management, 2006, 26(4): 326-338.

[220] 张维迎. 博弈论与信息经济学[M]. 上海：上海人民出版社，2004：256-262.

[221] Chen J, Liu L. Customer Participation, and Green Product Innovation in SMEs: The Mediating Role of Opportunity Recognition and Exploitation[J]. Journal of Business Research, 2020, 119: 151-162.

[222] 姚山季，王永贵. 顾客参与新产品开发及其绩效影响：关系嵌入的中介机制[J]. 管理工程学报，2012（4）：39-48.

[223] 黄海艳. 顾客参与对新产品开发绩效的影响：动态能力的中介机制[J]. 经济管理，2014，36（3）：87-97.

[224] 陶晓波，刘桂春. 顾客参与、创新能力与新产品开发绩效[J]. 科技进步与对策，2015，32（23）：78-84.

[225] 赵莉，孙建鑫，张玲. 社交媒体背景下顾客参与对中小企业创新绩效的影响——一个双调节模型[J]. 科技进步与对策，2020，37（23）：91-99.

[226] 张洁，廖貅武. 虚拟社区中顾客参与、知识共享与新产品开发绩效[J]. 管

理评论，2020，32（4）：117-131.

[227] 胡有林，韩庆兰. 顾客参与对产品服务系统创新绩效的影响研究——基于产品与服务组合的调节分析[J]. 管理评论，2018，30（12）：76-88.

[228] 张婧，朱苗，杜明飞. 组织间关系调节作用下顾客参与对 B2B 企业营销创新能力的影响[J]. 管理学报，2017，14（9）：1332-1339.

[229] 张克英，吴晓曼，李仰东. 顾企互动对服务创新及企业绩效的影响研究[J]. 科研管理，2018，39（11）：69-78.

[230] 冯文娜，姜梦娜，穆耀. 用户驱动的制造业企业服务创新：以资源拼凑为路径的研究[J]. 科学学与科学技术管理，2020，41（4）：49-67.

[231] Li M L, Hsu C H C. Customer Participation in Services and Employee Innovative Behavior: The Mediating Role of Interpersonal Trust[J]. International Journal of Contemporary Hospitality Management, 2018, 30(4): 2112-2131.

[232] 刘德文，高维和. 顾客参与对员工创新意愿的影响机制研究[J]. 管理学报，2019，16（1）：96-103.

[233] 辛本禄，刘莉莉，王学娟. 顾客参与对员工服务创新行为的影响研究——信息共享的中介作用和吸收能力的调节作用[J]. 软科学，2021，35（2）：7.

[234] 孔祥西，王新新，刘德文. 顾客参与对员工创新行为的影响——创造性自我效能和内部动机的链式中介模型[J]. 软科学，2020，34（1）：97-102.

[235] Morgan T, Obal M, Anokhin S. Customer Participation and New Product Performance: Towards the Understanding of the Mechanisms and Key Contingencies[J]. Research Policy, 2018(47): 498-510.

[236] Chang W J, Taylor Steven A. The Effectiveness of Customer Participation in New Product Development: A Meta-Analysis [J]. Journal of Marketing, 2016, 80: 47-64.

[237] 张旭梅，黄陈宣. 逆向供应链企业间知识共享的决策机制研究[J]. 管理学报，2013，10（2）：233-237.

[238] 商淑秀，张再生. 虚拟企业知识共享演化博弈分析[J]. 中国软科学，2015（3）：150-157.

[239] 张海涛，刘伟利，任亮，等. 开放式创新社区的用户知识协同交互机理及其可视化研究[J]. 情报学报，2021，40（5）：523-533.

[240] 董睿，张海涛，苏欣宇. 开放式创新社区用户知识协同创新网络演化分析[J]. 现代情报，2022，42（10）：15-26.

[241] 宁德鹏，周红磊，任亮. 开放式创新社区知识进化的网络演变及可视化研究[J]. 情报科学，2020，38（6）：90-95.

[242] 吴增源，周彩虹，易荣华，等. 开放式创新社区集体智慧涌现的生态演化分析——基于知识开放视角[J]. 中国管理科学，2021，29（4）：202-212.